FIRMAS Y SELLOS

Cathédrale Notre Dame du Puy · France

Fecha:

Www.reposdupelerin.com
09-75-33-04-85

Fecha: 18.04-09

Sur les chemins de St Jacques
CHAMBRES D'HÔTES LES GENÊTS
EN MARGERIDE
SAINT-ALBAN

Fecha: 15/04/2009

Auberge
"Les Gentianes"
Fineyrols
48100 PRINSUÉJOLS
Tél. 04 66 32 52 77

Fecha:

HOTEL MODER
12500 ESPALION

Fecha:

CHAMBRE D'HÔTES
" La Tour des Chapelains "
Tél/Fax 05 65 51 64 80
Port. 06 69 14 33 38
latour.j.c@gmail.com
12470 SAINT CHÉLY
D'AUBRAC

sur le Chemin de Compostelles - GR 65
Bien naturel classé Patrimoine Mondial de l'UNESCO

17/04/2009

Fecha:

HOTEL DE LA VALLEE
12140 ESPEYRAC
Tél. 05 65 69 87 61

Fecha:

Alfred Berghammer

Reise-Tagebuch eines Pilgers

90 Tage auf dem Jakobsweg

Alfred Berghammer

Reise-Tagebuch eines Pilgers

90 Tage auf dem Jakobsweg

Liebe lässt den anderen gehen
und empfängt ihn wieder.
Sie bleibt stehen und wartet
und ist gegenwärtig, wenn er kommt.
Sie sieht, wenn der andere wartet.
Sie ist die Kunst, dem anderen Freiheit zu geben,
ohne ihn zu verlassen
und ihm bis ans Ende nahe zu sein.

Jörg Zink

Impressum

Bibliografische Information der Deutschen Nationalbibliothek
Die Deutsche Nationalbibliothek verzeichnet diese Publikation
in der Deutschen Nationalbibliografie; detaillierte bibliografische
Daten sind im Internet über http://dnb.d-nb.de abrufbar.

Lektorat: Martina Schneider
Layout und Produktion: Tanja Kühnel
Satz: Andreas Aigner
Mitarbeit: Katharina Schmiedjell
Druck: Druckerei Theiss, St. Stefan im Lavanttal
Gedruckt in Österreich

ISBN 978-3-7025-0659-9

www.pustet.at

Bildnachweis:

Cover und Pilgermuschel: Bilder verwendet mit Genehmigung von Shutterstock.com.
Die beiden letzten Bilder im Buch wurden von Kommerzialrat Erwin Apfler zur Verfügung gestellt.
Alle anderen Bilder stammen aus den Händen des Autors Alfred Berghammer.

Inhaltsverzeichnis

St.-Georgs-Kanal
Wales
Eng
Cornwall
Themse
0
250
500 km
Der Kanal
Kanalinseln
Normandie
Atlantischer
Ozean
Brest
Bretagne
Nantes
Golf von
Biscaya
Bordeaux
Santiago de
Compostela
Lugo
Oviedo
Santander
Bilbao
Bayonne
Garonne
Navarrenx
Kantabrisches Gebirge
Iberisches Randgebirge
Pyrenäen
Porto
Duero
Hochland
Kastilisches Scheidegebirge
Ebro
Tajo
Madrid
Lissabon
von Kastillien
Sierra Morena
Valencia
Guadalquivir
Sevilla
Balearen
Betische Kordillere
Mulhacén
3478
Malaga
Straße von Gibraltar
Mitt

Usedom
Hamburg
Amsterdam
Norddeutsches Tiefland
Rotterdam
Hannover
Berlin
Düsseldorf
Lille
Brüssel
Köln
Elbe
Dresden
Deutsche Mittelgebirge
Sudeten
Frankfurt
Erzgebirge
Maas
Paris
Prag
Rhein
Nürnberg
Seine
Loire
Strassburg
Stuttgart
Donau
Vogesen
Schwarz-
wald
München
Wien
Bodensee
Zürich
Salzburg
Jura
Bern
Luzern
Feldkirch
Wörgl
Lausanne
Einsiedeln
Innsbruck
Großglockner
3798
Lyon
Genève
Mont Blanc
4810
Ljubljana
Le Puy
Rhône
Mailand
Venedig
Turin
Zagreb
Save
Poebene
Po
Istrien
Alpen
Apenninen
Marseille
Golf von
Genua
Dinarisch
Adriatisches Meer
Gran
Sasso
2914
Korsika
Tiber
Rom
Neapel
Vesuv
1281
Sardinien
Tyrrhenisches
Meer
Palermo
Sizilien
Ätna

Der Jakobsweg als Sinnbild des Lebens

Am Vierwaldstättersee, in einer der zweifelsohne schönsten Landschaften der Welt, verwirklichen sich die Kantone der Schweiz im „Weg der Schweiz". Der Kanton Thurgau tut dies mit folgender Tafel:

Pilgerweg vom Bodensee zum Vierwaldstättersee

Seit dem ersten Jahrtausend strömen Pilgerzüge durch ganz Europa, um an den Gräbern Jesu Christi in Jerusalem, der Apostel Petrus und Johannes in Rom und an jenem des Apostels Jakobus in Santiago de Compostela zu beten, zu bitten oder Busse zu tun. Millionen von Menschen sind im Laufe der Jahrhunderte auf den Pilgerwegen nach Süden geströmt, und haben ein europäisches Wegnetz geschaffen, das seinesgleichen sucht. Viele sind aufgebrochen und haben ihr ganzes Vermögen für die Pilgerreise ausgelegt, sind unter äussersten Entbehrungen monatelang marschiert, waren den Gefahren der Natur und übler Menschen ausgesetzt, haben Freud und Leid erlebt, und viele sind nie mehr zurückgekehrt: Der Pilgerweg als Metapher des menschlichen Lebens schlechthin.

Einer der wichtigsten Pilgerwege führt durch den Kanton Thurgau, von Konstanz über Märstetten und Fischingen nach Rapperswil und dem Marienwallfahrtsort Einsiedeln. Pilger aus ganz Nordosteuropa benutzen den Ostschweizer Pilgerweg, Polen, Tschechen, Slowaken und Deutsche, vor allem Schwaben, weshalb das Wegstück im Volksmund auch Schwabenweg heisst. Kapellen, Kirchen, Wegkreuze und Klöster begleiten den Weg, der sich im Mittelalter immer mehr auch zur wichtigen Verkehrsader für Handel und Reisen entwickelte.

Der Jakobsweg, von dem auf dieser Tafel die Rede ist, übt seit mehr als 1000 Jahren eine schwer erklärbare Faszination aus, die gerade in letzter Zeit immer mehr Menschen aus der ganzen Welt ergreift. So wandern jedes Jahr Tausende nach Santiago de Compostela am Westrand Europas, wo der heilige Apostel Jakobus der Ältere in besonderer Weise verehrt wird. Es sind Menschen unterschiedlicher Gesellschaftsschichten, Junge und Alte, sie kommen aus der ganzen Welt. Viele werden geradezu süchtig. Ich habe Leute getroffen, die schon bis zu zehnmal auf den verschiedensten Routen nach Santiago gepilgert sind. Was macht diese Faszination aus? Ist es die Mystik, die Hoffnung auf eine Gebetserhörung, die schöne Landschaft und ihre Kulturschätze, die uralte Geschichte, die Menschen auf dem und am Weg, die kulinarischen Genüsse? Wohl von jedem etwas.
Die Anziehungskraft des Jakobsweges wird selbst dann nicht geringer, wenn man ihn – so wie ich – von Salzburg nach Santiago begangen hat. Deshalb bin ich nach meiner Pilgerreise im Jahr 2009, die ich im Folgenden schildere, dabei, meiner Frau einen großen Teil der zurückgelegten Wegstrecke in zwei- bis dreiwöchigen Etappen pro Jahr zu zeigen. Bei diesen Nachbegehungen zu teilweise anderer Jahreszeit sind weitere Fotos des Jakobsweges entstanden. Da bei diesen Bildern die Vegetation und das Wetter mit dem Text der Erstbegehung natürlich nicht in Einklang steht, sind sie mit einer Jakobsmuschel gekennzeichnet. Die letzten beiden Fotos von Santiago de Compostela, wurde von Kommerzialrat Erwin Apfler zur Verfügung gestellt.
Ich möchte anhand meiner eigenen Erfahrungen auf der ersten dreimonatigen Pilgerreise ein wenig dem Gedanken nachspüren, der auf der Tafel des Kantons Thurgau genannt ist. Was hat der Jakobsweg mit unserem Leben zu tun?

Wie kam es dazu?

Oft wurde ich gefragt, auch von Mitpilgern, weshalb ich denn die Entbehrungen und Mühen des Jakobsweges auf mich nähme. Eine freundliche Gastgeberin in Pfaffenhofen wollte sogar wissen, ob ich denn so große Schuld auf mich geladen hätte, die einer solchen Buße bedürfe. Deshalb möchte ich ein wenig auf die wichtigsten Gründe eingehen, die mich dazu gebracht haben, den Jakobsweg zu gehen. Sie liegen in der Vergangenheit, Gegenwart und Zukunft.

Vergangenheit

Mehr als 40 Jahre Berufstätigkeit mit Höhen und Tiefen, davon die längste Zeit in leitender Stellung im öffentlichen Dienst, hatten sich in einem großen Teil meines Bewusstseins, aber auch meines Unterbewusstseins festgesetzt. Ich wusste: Wenn ich jetzt in der Pension einen neuen Lebensabschnitt beginne, dann muss das mit einem eindrücklichen Akzent geschehen. In den Begriffen des Computerzeitalters ausgedrückt: Auf der Festplatte meines Gehirns sollte die Berufslaufbahn zwar nicht gelöscht, aber doch Platz für eine neue Software geschaffen werden.

Gegenwart

Ich bin gläubiger Christ und überzeugt, dass beharrliches Beten Früchte trägt: Für meine große Familie, meine Freunde, die Pfarre, den Orden, in dem ich mich engagiere, und für unser Gemeinwesen. Ein ganz besonderes Gebetsanliegen war mir mein Schwager, durch den ich die Liebe zu den Bergen neu entdeckt habe und der nach einem Herzinfarkt fast zwei Jahre im Wachkoma lag.

Zukunft

Ich fühle mich gesund, leistungsfähig und in der Lage, neue Herausforderungen zu bewältigen. Deshalb möchte ich auch in Zukunft positive Beiträge für Gesellschaft und Kirche leisten – dort, wo ich gebraucht werde. Aber wo ist das?

Die Antwort

Seit einiger Zeit ging mir der Jakobsweg nicht mehr aus dem Kopf – der Jakobsweg, wie er seit mehr als 1000 Jahren gepilgert wurde: Von zu Hause bis zum Grab des heiligen Apostels Jakobus. Vielleicht ist dieser Pilgerweg die Antwort auf meine Fragen zu Vergangenheit, Gegenwart und Zukunft? Aber so einfach war das nicht. Meine geliebte Gattin Sissy, von der ich lange gehofft hatte, sie werde mich begleiten, war alles andere als begeistert. Sie hat offensichtlich befürchtet, dass ich nicht nur die Festplatte meiner Berufstätigkcit, sondern auch die meines Privatlebens überschreiben könnte. Eine andere Sorge war, dass ich mich nach diesem langen Marsch sofort auf den Operationstisch-Tisch zum Austausch meiner nicht mehr taufrischen Gelenke begeben müsse. Erst als ich ihr versicherte, dass dies sicher nicht der Fall sein würde, konnte sie damit leben, dass ich mein Vor-

haben in die Tat umsetzte. Ihre Akzeptanz wurde dadurch erleichtert, dass wir ein gutes Stück gemeinsam zu gehen planten.
Mir war aber auch bewusst, dass die veranschlagten drei Monate Pilgerweg für mich nicht das reine Honigschlecken sein würden: Ich liebe meine Frau und meine Familie über alles und würde unter der langen Trennung leiden. Da war eine Verkürzung dieses Zeitraums durch die Begleitung meiner Frau schon ein sehr erfreulicher Aspekt.
Keineswegs sicher war ich, ob ich das Vorhaben überhaupt schaffen würde. Ich bin zwar nicht unsportlich, aber Knöchel, Knie und Hüfte spüren den Zahn der Zeit und wollen häufig nicht mehr so, wie ich will.

Die Vorbereitung

Es war mir ein Anliegen, so gut wie nur möglich vorbereitet zu sein. So habe ich ein Jahr vorher zu trainieren begonnen: Ich ließ meine geliebten Berge links liegen und bin im flachen Gelände marschiert. Noch vor zehn Jahren hätte ich nur mitleidig gelächelt, wenn mich jemand dafür hätte gewinnen wollen. In den Rucksack habe ich in den letzten Monaten so lange Bücher gepackt und mich mit ihm auf die Waage gestellt, bis das Körpergewicht plus 10 kg erreicht war.
Neben der sportlichen Vorbereitung gab es aber auch meine (mangelnden) Sprachkenntnisse zu bedenken. Bei den besuchten Französisch- und Spanischkursen zeigte sich, wie standhaft sich so ein älteres Gehirn widersetzt, sich mit neuen Worten und Redewendungen in einer anderen Sprache vertraut zu machen! Keine Chance, für mein Vorhaben nur mit dem Kurs auszukommen! Also musste ich in meiner ohnehin spärlich bemessenen Freizeit auch noch Vokabeln und Grammatik pauken. So schaffte ich es unfreiwillig, noch einmal in eine Blütezeit von Zeitnot und Stress hineinzugeraten, welche die Sehnsucht auf den immer näherkommenden Jakobsweg noch verstärkte.
Auch logistische Maßnahmen waren zu treffen. Es war abzusehen, dass mir im März die Überquerung des Arlbergs Schwierigkeiten bereiten würde. Deshalb habe ich bei einer Fahrt in die Schweiz alte Tourenski samt Fellen und Skischuhen bei der Verwandten eines lieben Nachbarn in St. Anton am Arlberg deponiert.
Weiters wollte ich auch meine Umgebung auf meine mindestens dreimonatige Abwesenheit vorbereiten. Denn Terminanfragen als Nachlese zu beruflichen und den weiterlaufenden sonstigen Verpflichtungen gab es

schon einige. Das ließ sich ziemlich problemlos klären, hatte aber den unangenehmen Effekt, dass ich meine Pläne praktisch nicht mehr aufgeben konnte, ohne mich unsterblich zu blamieren, was mich durchaus etwas unter Druck brachte. Ich war Geisel meiner großspurig verkündeten Pläne geworden.

Interessant war auch das Echo derer, die von meinem Plan hörten. Ein Teil zeigte echte Begeisterung und Bedauern, nicht selbst mitgehen zu können. Ein größerer Teil täuschte Bewunderung vor und beim sprachlosen Rest konnte man oft an den Mienen ablesen, dass sie sich dachten: So ein Spinner!

Noch ein Resultat hatte meine Ankündigung: Zu meinem 60. Geburtstag, den ich kurz vor meinem Abmarsch ausgiebig feierte, wurde ich überreich mit Utensilien für meine Pilgerreise beschenkt. So nenne ich mittlerweile eine Bibliothek zum Jakobsweg mein Eigen. Dazu zählen schon einmal drei Exemplare von „Ich bin dann mal weg" von Hape Kerkeling und unzählige Bildbände. Notfallpackerl, eiserne Rationen und Tagebücher habe ich außerdem so oft bekommen, dass ich ein weiteres halbes Dutzend Pilger hätte damit ausstatten können.

Das beste Geschenk hat mir Sissy gemacht: ein Pilgertagebuch mit einem wunderschönen Zitat am Anfang (siehe Beginn des Buches). Dazu kamen Fotos von ihr, den Kindern, Schwieger- und Enkelkindern. Für die Sonntage hatte sie Zitate eingetragen und bei den jeweiligen Tagen die Geburtstage der Familienmitglieder bis Ende Juni.

Der Weg

Ins Inntal (3. bis 5. März)

Am 1. März möchte ich nach Abgabe meiner Stimme bei der Landtagswahl und dem Mitfeiern der Sonntagsmesse lospilgern. In der Pfarre ist schon alles für den Pilgersegen vor dem Kirchenvolk vorbereitet. Aber es kommt anders: Meine 95-jährige Mutter hat Ende Februar nach einem Sturz eine schwere Operation am Kopf, mit der ein bedrohlicher Bluterguss beseitigt werden soll, zu verkraften. Es ist noch nicht abzusehen, ob sie sich von diesem schweren Eingriff (ein Teil des Schädelknochens wurde herausgenommen) erholen wird. Also sage ich den öffentlichen Pilgersegen und meinen Abmarsch vorerst ab.

Als sich nur wenige Tage später der Zustand meiner Mutter stabilisiert, bin ich nicht länger zu halten. Ganz lässt mich der Gedanke aber nicht los und deshalb plane ich zwei Rückfahrten ein. Die erste davon gleich am Donnerstag, 5. März, um 16 Uhr von Wörgl mit dem Korridorzug nach Salzburg. Das geht aber nur, wenn ich es schaffe, am Donnerstag bis 14 Uhr in Wörgl zu sein. Die zweite Rückfahrt plane ich für den 11. März, den 95. Geburtstag meiner Mutter.

In meiner Pfarre St. Martin erhalte ich nach der Wochentags-Abendmesse am Montag in einer berührenden kleinen Zeremonie den Pilgersegen. Am Abend packe ich mit Sissys Hilfe den Rucksack fertig und steige auf die Waage. Oh, Schreck! Der Rucksack wiegt 12 kg. Das ist zu viel, die Pilgerbücher empfehlen 6–7 kg! Ich räume alles wieder aus und überlege, was ich entbehren kann. Der Gewichtsreduktion fällt zum Beispiel mein fünftes Buch, ein Roman, zum Opfer. Denn auf die ersten vier (Bibel, Tagebuch, zwei Vokabelbücher zum Lernen) kann ich nicht verzichten. Nach einigen Abstrichen zeigt die Waage nur mehr 10 kg (+ Körpergewicht) an.

3. März: Nach der obligaten Frühmesse bei den Herz-Jesu-Missionaren und einem kräftigen Frühstück umarme ich meine Frau und ziehe bei trockenem Winterwetter los, vorerst an die Saalach und weiter nach Wals. Nach der Grenze zu Deutschland, in Weißbach, stoße ich erstmals auf die Markierung „Jakobsweg“ und freue mich darüber. Denn diese Wegweiser sollen mich nun lange begleiten. In Bad Reichenhall komme ich an einem Buchladen vorbei. Ich kann nicht widerstehen und kaufe mir ein Buch. Sonst graut mir zu sehr vor einsamen, langweiligen Abenden. Die Verkäuferin fragt mich nach dem Wohin und wie lange ich denn schon unterwegs sei. Recht verschämt bekenne ich: „Einen halben Tag“. In Anbetracht des weit entfernten Ziels komme ich mir ein bisschen armselig dabei vor.
Dann wandere ich am Saalachstausee entlang. Am Ende des Weges stoße ich auf eine Sperre und ein Schild, dass der Weg, den ich gerade gekommen bin, wegen Lawinengefahr gesperrt ist. Zum Glück war ich in die Richtung unterwegs, wo keine Lawinen zu erwarten waren!
Nach Unterjettenberg ist es so weit: Der Tiefschnee lässt nicht länger auf sich warten. Gott sei Dank treffe ich bei Schneizlreuth wieder auf geräumte Wege, wenn auch mit Eis, Schnee und Matsch. So erreiche ich in der Abenddämmerung müde, aber zufrieden, mein Tagesziel Unken. Da ich mir vorgenommen hatte, den Jakobsweg nicht als Sportevent, sondern als echte Pilgerreise zu unternehmen, gehe ich zuerst in die schon düstere und kalte Kirche, um eine Andacht zu halten. Dazu brauche ich die Bibel. Wo ist sie bloß? Ich breite den ganzen Rucksackinhalt auf der Kirchenbank aus. Unglaublich, was da alles drin ist! Glücklicherweise ertappt mich niemand, wie ich in der Kirche alle meine Utensilien ausgebreitet habe. Ich beschließe, in Zukunft eine feste Rucksack-Packordnung einzuhalten.
Nach neun Stunden Marsch bin ich zu müde, ein Quartier zu suchen und dann zum Abendessen wieder außer Haus zu gehen, also kehre ich im Dorf-Café Unken ein, wo es sowohl Zimmer als auch Essen gibt. Nach dem Duschen will ich hinunter zum Essen, doch meine steifen, schmerzenden Beine sagen: „Genug!“ – aber der Hunger ist stärker. Mit äußerster Willenskraft schaffe ich die Stiege und stolziere in den Gastraum in dem Bemühen, dass mich niemand als gehbehindert einschätzt. Nach dem Abendessen erinnere ich mich voll Dankbarkeit an das halbe Kilo Basenpulver, das der Gewichtsreduktion des Rucksacks vernünftigerweise **nicht** zum Opfer gefallen ist. Dieses Pulver soll einen übersäuerten Körper wieder ins Gleichgewicht bringen.

4. März: So fühle ich mich am nächsten Morgen fast wieder frisch und ausgeruht. Im Frühstücksraum bin ich mit dem Buffet allein. Ich habe zwei Halb-Literflaschen, die ich mit heißem Wasser füllen möchte. Da diese aber nicht unter den Samowar passen, der der einzige Heißwasserlieferant ist, steht am Ende der Prozedur der Frühstückstisch und wohl auch ein Stück Boden unter Wasser. Erfreulicherweise sind genug Servietten vorhanden und ich versuche, die ärgsten Spuren meines morgendlichen Wirkens zu beseitigen. Nachdem ich fluchtartig das gastliche Lokal verlassen habe, erwartet mich draußen ein wunderschöner Wintertag mit Kaiserwetter.

Die Gehwerkzeuge sind anfangs noch etwas stelzenähnlich, aber das wird immer besser. Am Gaissteig von Unken nach Lofer erwartet mich eine Sperre wegen Lawinengefahr – diesmal sogar von der richtigen Seite. Der Schnee ist hart gefroren, also kann ich alles erwarten, nur keine Lawine. Ich versuche, unter der Sperre durchzuschlüpfen. Das gelingt nicht, sowohl Rücken als auch Knie verweigern das Abbiegen. So umgehe ich sie. Die wenigen Meter zeigen mir, dass der Tiefschnee heute nicht so angenehm sein wird.

Der folgende Weg nach Lofer über das Kirchlein von Au ist ein erster Höhepunkt des Jakobsweges: eine grandiose Landschaft, gewandet in gleißenden Schnee, keine Wolke am Himmel. Der Wanderweg ist sogar geräumt. Allerdings hat das Wetter der vergangenen Tage den Schnee geschmolzen, dann wieder gefroren, dann wieder … jedenfalls schlittere ich bis Lofer einen Eiskanal entlang, der einer Bobbahn alle Ehre gemacht hätte.

Ich freue mich schon auf den nun folgenden Wanderweg nach Waidring, der als sehr schön beschrieben wird. Die Freude dauert jedoch nur kurz. Er ist nicht geräumt und es gibt nicht einmal alte Spuren. Ich sinke so tief ein, dass ich nach kurzer Zeit aufgebe und zur Bundesstraße zurückkehre. Das geht ganz passabel, bis ich die dreispurige Schnellstraße erreiche. Nachdem ich keine andere Wahl mehr habe, halte ich mich jeweils am äußeren Fahrbahnrand der Kurve und mache mich möglichst schmal. Bei jedem Richtungswechsel der Straße springe ich im Schweinsgalopp (mit Rucksack und Stöcken) über die drei Fahrstreifen, um wieder auf die Außenseite zu kommen. Ich bin froh, als ich kurz vor Waidring auf eine ruhigere Nebenstraße gelange. Später treffe ich auf geräumte Radwege. Sie sind zwar trotzdem voll Matsch, Eis und Lacken, aber noch immer viel besser als Tiefschnee oder die Schnellstraße.

Winterwanderweg bei Waidring

Eigentlich lautet mein Etappenziel für heute St. Johann. Bei genauem Routenstudium sehe ich aber, dass das ein Umweg wäre, weil ich am nächsten Tag wieder auf demselben Weg aus der Stadt heraus müsste. Ich habe weder Kilometer noch Zeit zu verschenken, weil ich ja morgen um 14 Uhr in Wörgl sein möchte, also gehe ich lieber gleich Richtung Going am Wilden Kaiser. Ich weiß zwar nicht, wie weit das noch ist, aber auf den Wegweisern lese ich etwas von einem Römerhof (Gasthof mit Zimmern), der von den Zeitangaben her noch vor Einbruch der Dunkelheit erreichbar sein müsste. In der Abenddämmerung erreiche ich ihn, doch was sehe ich zu meinem nicht geringen Entsetzen? Alles dunkel: Ruhetag!
Aber es kommt noch schlimmer. Die geräumte Straße ist kurz nach dem Römerhof zu Ende. Ich stehe mitten im romantischen Winterwald und überlege, ob ich die eineinhalb Stunden nach St. Johann zurückgehen soll. Aber nein, dann kann ich Wörgl morgen Mittag vergessen. Ich entdecke eine gespurte Langlaufloipe, die im Großen und Ganzen nach Westen führen dürfte. Der Schnee gibt noch ausreichend Wanderlicht. Hin und wieder

sehe ich ein Schild „Jakobsweg“, das mir sagt, dass ich nicht so falsch unterwegs bin. So stapfe ich in der beginnenden Nacht im schweigenden Silberwald des Wilden Kaisers, nicht wissend, wann und wo ich landen werde.
Nach einiger Zeit schimmern die Lichter einer Gehöftgruppe durch die Bäume, wo ich auch Autos von Gästen stehen sehe. Ich schließe daraus, dass hier Zimmer vermietet werden, tauche aus der Dunkelheit in den Lichtkegel einer Haustürlampe und frage nach einem Zimmer. Der Hausherr bejaht, eine Kammer hat er noch frei. Sie ist aber noch aufzuräumen. Er ist auch so freundlich, mir noch eine Kleinigkeit zu essen zu machen.
Die Kammer ist bald hergerichtet, ich gehe über den Gang ins Bad, das zwar zu klein zum Umdrehen ist, aber sauber werde ich trotzdem. Dann versorge ich meine erste Blase und versuche erfolglos das Kinderbett-Leintuch ganz über das Erwachsenenbett zu bekommen. Aber nach insgesamt zehneinhalb Stunden Marschzeit kann mich das auch nicht mehr von meinem wohlverdienten Schlaf abhalten. Ich gebe auf und lege mich dorthin, wo das Leintuch noch reicht.

5. März: Am nächsten Morgen ist der Hausherr in der Arbeit und seine Frau waltet – um einiges fachkundiger – ihres Amtes.
Der weitere Weg verläuft schön im Angesicht seiner Majestät, des Wilden Kaisers, und dann langsam Richtung Inntal hinab. Ich richte mich generell nicht nach den Jakobsweg-Markierungen, sondern nach den Radwegen, denn die sind geräumt, wenn auch nicht vollkommen schneefrei.
Ich besuche jede Kirche der vielen Orte, durch die ich wandere. Eine ist hübscher als die andere. Besonders prachtvoll ist die Kirche St. Peter und Paul in Söll, auch „Söllandler Bauerndom“ genannt. Sie ist ein spätbarockes Meisterwerk mit zahlreichen Rokokoelementen und zählt zu den schönsten Gotteshäusern des Alpenraums.
Gut in der Zeit erreiche ich Wörgl. Ich wandere die Gleise der Bahn entlang, weil ich annehme, das wird mich zum Bahnhof führen. Nach einigen Kilometern bin ich schon fast wieder aus Wörgl draußen und merke, dass mein System nicht funktioniert, weil der Bahnhof offensichtlich nur von einer Bahnseite erreichbar ist. Gut, dass ich noch nicht in Eile bin. Ich gehe wieder ein paar Kilometer zurück, diesmal auf der anderen Seite der Gleise und so kann mir der Bahnhof diesmal nicht entgehen.
Ich fahre mit dem Korridorzug zurück nach Salzburg und besuche meine Mutter, die mich leider nicht richtig wahrzunehmen vermag.

Im Inntal (6. bis 11. März)

Meinen Zeitplan für die nächsten Tage richte ich auf den 11. März aus. An diesem Tag begeht meine Mutter ihren 95. Geburtstag. Ich rechne mir aus, dass ich an diesem Tag in St. Anton am Arlberg sein könnte. Dort hält der Zug, mit dem ich von Wörgl gefahren bin, um 14 Uhr. So könnte ich zum Geburtstag meiner Mutter also wieder nach Salzburg fahren und am nächsten Tag dann den Arlberg in Angriff nehmen.

6. März: Nach einer geruhsamen Nacht zu Hause besteige ich in der Früh einen Zug nach Rosenheim, wo ich einen Bummelzug nach Wörgl erwische und eine tüchtige Rüge des Schaffners ausfasse, weil meine Fahrkarte nur für einen schnellen Korridorzug, nicht aber für einen Bummelzug gilt. Aber der Schaffner lässt „Gnade vor Recht ergehen" und ich muss nichts für das „down-graden" zahlen.
Nach Verlassen des Zuges in Wörgl überquere ich auf dem Fußgängersteig den Inn. Das Wetter ist nasskalt und entsprechend ungemütlich. Da steht mitten auf der Brücke mutterseelenalleine eine junge Frau mit ernster Miene. Sie wird sich doch nicht in die Fluten stürzen wollen? Wer steht schon in der Kälte einsam auf einer Brücke herum? Ich überlege mir, was ich in diesem Fall als erstes tun soll. Natürlich den Rucksack absetzen, aber soll ich mich auch ausziehen oder gleich nachspringen? Ich spreche sie an, um mir einen Eindruck über ihre Gemütslage zu verschaffen. Sie antwortet mir durchaus fröhlich, dass sie hier auf jemanden warte. Erleichtert gebe ich meine Inn-Sprungpläne auf.
Ich wandere Inn-aufwärts etwas oberhalb des Flusses, mal auf dem Jakobsweg, mal wild durch die Innauen, wenn ich diesen gerade wieder einmal verloren habe, was mir durchaus häufiger passiert. Ich genieße den Abschnitt durch Wiesen, Wälder und Dörfer sehr, weil fast kein Schnee mehr zu durchstapfen ist und ich die ersten Frühlingsblumen auf meinem Marsch entdecke: Schneeglöckchen und Leberblümchen.
Als ich das mittelalterliche Städtchen Rattenberg erreiche, erscheint es mir eindrucksvoll, aber aufgrund des Wetters eher düster und deprimierend.
Die Wegstrecke nach Strass im Zillertal ist gespickt mit Burgen, Parks und Schlössern und von oben grüßen die Wallfahrtsstätten Maria Brettfall und die Notburgakapelle. Am gegenüberliegenden Innufer eröffnet sich mir bei Jenbach eine andere Welt: Industrie, Eisenbahn, Plattenbauten.

Das mittelalterliche Städtchen Rattenberg am Inn

Ich suche mir aus dem Jakobswegführer die Adresse von Frau G. heraus. Nach mehrmaligem Fragen finde ich ihr Haus, das noch den Charme der Fünfzigerjahre ausstrahlt, und finde Aufnahme in einem der spartanischen Fremdenzimmer.

7. März: Beim Frühstück werde ich von Herrn und Frau G. ausführlich befragt. Frau G. zeigt mir voll Stolz eine Ansichtskarte aus Santiago von einem Ehepaar, das bei ihr genächtigt und anschließend noch 198 Tage für den Jakobsweg gebraucht hat. Schöne Aussichten, wo ich doch Anfang Juni schon wieder zurück sein möchte! Frau G. bittet mich, ihr ebenfalls aus Santiago eine Karte zu schicken, was ich gerne verspreche. Ich frage erstmals nach einem Stempel für meinen Pilgerpass. Er ist aber wenig romantisch und sagt nur, dass Frau G. in Jenbach Fremdenzimmer anbietet. Im nun folgenden Wegabschnitt bis Hall dämmert mir, warum es heißt „das Heilige Land Tirol". Und gerade auf diesem Wegabschnitt dürfte es am allerheiligsten sein – eine Wallfahrtskirche nach der anderen wartet auf Pilger. Den Umweg über Maria Schnee tue ich mir nicht an. Aber der Georgenberg ist den Anstieg wert. In einer wilden Schlucht hebt sich nach einiger Zeit der Wanderung durch den frisch verschneiten Bergwald oberhalb Schloss Tratzberg ein mittelalterliches Ensemble heraus, das von einer stolzen Wallfahrtskirche gekrönt wird. Der frische Schnee, die grauen Wolken und der düstere Bergwald verleihen diesem Ort eine beson-

Der Georgenberg an den Abhängen des Karwendel

dere, mystische Ausstrahlung. Ich bin ganz allein in der Wallfahrtskirche und zusätzlich beeindruckt, als ich lese, dass das verehrte Gnadenbild von einem Jakobspilger mitgebracht worden ist.
In Terfens kehre ich in einer Bäckerei/Konditorei ein. Die Chefin fragt mich, ob ich wisse, wer der erste Hausmann gewesen sei. Meiner Verneinung folgt die Aufklärung: Der heilige Josef. Ich müsse mir unbedingt in der Pfarrkirche das gotische Wandgemälde ansehen. Und tatsächlich, dieses schöne dreiteilige Gemälde mit Weihnachtsthemen zeigt im zentralen Mittelteil die Heilige Maria in Anbetung vor dem Kind und im Hintergrund den Heiligen Josef beim Wäschewaschen.
Am Weg auf die Hochfläche von Gnadenwald komme ich beim Kirchlein Maria Larch (Lärche) vorbei, wo ein für die Augen wundertätiges Brünnlein fließt. Ich trinke daraus, obwohl ich mit meinen Augen sehr zufrieden bin. Aber man kann ja nie wissen! Der großartige Wanderweg in atemberaubender Landschaft wird mit zunehmender Höhe mühsamer durch den tiefer werdenden Schnee, mit dem ich mich wieder einmal auseinandersetzen muss. In Gnadenwald grüßen die Kirchlein von St. Michael und St. Martin, umrahmt und überragt von den verschneiten Zinnen und Türmen des Karwendel.
Hinunter nach Absam geht es auf einem wunderschönen Waldweg in idealer Neigung. Ich passiere einen Lawinenstrich, der diesmal tatsächlich bedrohlich wirkt. Denn es ist Nachmittag und die Schneise geht weit bis zu den Felswänden des Karwendel hinauf. Vorsichtshalber horche ich nach oben und laufe zur schützenden Böschung hinüber. Es bleibt alles ruhig.

Einige Zeit nach Passieren des Lawinenstrichs stoße ich auf eine Sperre, die vor einem Begehen dieser Strecke von unten warnt. Wieder einmal ist die Lawinengefahr davon bestimmt, in welche Richtung man unterwegs ist. Den Wanderweg nach Absam säumen Tafeln zu den Seligpreisungen, die mich mit tief gehenden Texten berühren.
Aufgrund der Trauer um meinen vor dreieinhalb Jahren plötzlich verstorbenen Sohn Michael betrifft mich folgende Tafel am meisten:

Glücklich die Trauernden, sie werden getröstet werden.

Die Blätter fallen, fallen wie von weit
als welkten in den Himmeln ferne Gärten,
sie fallen mit verneinender Gebärde.
Und in den Nächten fällt die schwere Erde
aus allen Sternen in die Einsamkeit.
Wir alle fallen. Diese Hand da fällt.
Und sieh die andren an: es ist in allen.
Und doch ist Einer, welcher dieses Fallen
unendlich sanft in seinen Händen hält. Rainer Maria Rilke

Der Perlenkranz der Wallfahrtsstätten wird abgeschlossen mit dem barocken Prunk von St. Michael in Absam, dem meistbesuchten Tiroler Marienwallfahrtsort.
Es ist Samstagabend und mein Wochenprogramm bis St. Anton erfordert für den Sonntag eine Strecke von 40 km, ich möchte aber dennoch die Sonntagsmesse nicht versäumen. Also gehe ich bis Hall, das ich in den Abendstunden erreiche, und finde auch eine Kirche, wo es am Sonntag eine Frühmesse gibt. Jetzt brauche ich nur mehr ein Quartier. Ich durchstreife den Ort, finde aber weder Fremdenzimmer, Pension noch Hotel in Pilgerkategorie. Die Dunkelheit und meine Müdigkeit sind stark progressiv. Nach rund zehneinhalb Marschstunden reicht es mir und ich gehe in den *Goldenen Engl* – ein Luxushotel, das ich von einem früheren Aufenthalt kenne. Als Pilger muss man schließlich Opfer bringen können!

8. März: Der Sonntag ist der erste Frühlingstag, der diesen Namen verdient. Nach der Frühmesse in der Herz-Jesu-Basilika wandere ich die Hauptstraße nach Innsbruck entlang. Das ist zwar nicht der markierte

Die Nordkette auf dem Weg von Hall nach Innsbruck

Jakobsweg, aber den kann ich mir heute nicht leisten, weil er einen Umweg bedeuten würde. Das Wandern auf den Asphaltgehsteigen in dieser Vorstadt- und Industriegegend ist nur deswegen schön, weil ich den Blick vorwiegend in die Ferne richte. Die frisch verschneite Nordkette im gleißenden Sonnenlicht grüßt den passionierten Skitourengeher, der jetzt einen Asphaltkilometer nach dem anderen abspult, in geradezu verhöhnender Weise.

Ich habe mit 5 km Distanz von Hall bis Innsbruck gerechnet und bin entsetzt, dass ich geschlagene zwei Stunden bis zum Goldenen Dachl brauche. Daher gönne ich mir nicht einmal einen kurzen Cafébesuch in der Hauptstadt Tirols, sondern marschiere Inn-aufwärts weiter. Zur Mittagszeit bin ich in Völs und gehe in einem Café mittagessen, das als einziges Essbares Toast und Kartoffelsalat führt.

Nach vielen Stunden Asphalt verwöhnt mich nun ein trockener Wiesenweg entlang den Innauen. Die Sonne scheint so schön frühlingshaft her, dass ich versucht bin, auf einer Bank zu rasten, aber die Zeit auf der 40-Kilometer-Etappe ist knapp. Es geht daher weiter. Nach den Innauen folgen romantische Wald- und Wiesenwege etwas oberhalb der Talsohle bis nach Pfaffenhofen. Das ist mein Tagesziel, so beginnt wieder die unausweichliche Quartierssuche, die sich hier als besonders mühsam erweist. In meinem Jakobsweg-Führer sind insgesamt vier Adressen in diesem Ort angegeben. Ich lasse mich von einer zur anderen weisen. Die eine vermietet nicht mehr, die andere hatte einen Unfall etc. Nach der dritten erfolglosen Vorsprache entscheide ich mich, den Gasthof *Schwarzer Adler* aufzusuchen. Aber auch hier ist kein Zimmer frei, ja nicht einmal ein Abendessen bekomme ich, alles ist voll. So versuche ich es bei der vierten, noch nicht angefragten Privatzimmer-Adresse. Das heißt, wieder ein Stück zurück den Berg hinauf. Aber es ist meine letzte Hoffnung. Doch die Hausbesitzerin Frau W. hat ein Zimmer und eine Brettljause für mich hungrigen und müden Pilger.

9. März: Das Zusammenläuten zur Frühmesse aus der unterhalb gelegenen Pfarrkirche weckt mich. Ich schlüpfe in die Kleidung und eile durch Mausknöchel-tiefen Neuschnee zur Messe. Die Kirche Maria Himmelfahrt ist ein zauberhaftes Kleinod. Durch die Altarfenster fällt die Morgensonne ein. Der junge Priester feiert einen ergreifenden Gottesdienst und so fügt sich alles perfekt zu einem wunderbaren Tagesbeginn. Danach gehe ich wieder zu Frau W. zum Frühstück hinauf. Wir plaudern über Gott und die Welt und sie ist es, die mich fragt, ob ich denn so schwere Schuld auf mich geladen hätte, dass ich den gesamten Jakobsweg gehen müsse. Ich bin mir einer solchen nicht bewusst, glaube aber doch, dass ich aus Verlegenheit rot angelaufen bin. Sie fragt mich, ob ich eine Bibel mithabe. Nachdem ich bejahe, spricht sie ihr versöhnliches Urteil, dass man die echten Jakobspilger von den reinen Sportlern auf dieser Strecke unterscheiden könne.
Um nicht wieder eine mühsame Herbergssuche für die kommende Nacht auf mich nehmen zu müssen, rufe ich die erstbeste Adresse in meinem Tagesziel Karrösten laut Führer an. Ich bin richtig überrascht, als ich am Telefon ein freudiges „Ja“ auf meine Zimmeranfrage höre. So einfach geht das!
Von Weitem grüßt mich bald das Stift Stams und der derzeit zugehörige Baukran. Der Blick in die Basilika ist zwar beeinträchtigt durch Gitterstäbe, aber auch so eindrucksvoll. Der Klostershop ist offen und ich erhalte Proviant und meinen zweiten Stempel im Pilgerpass.
Auf dem idealen Wanderweg durch die Auen und Föhrenwälder des Inn stören die sporadischen Schneeschauer nur wenig. Das Bergdorf Karres im leichten Schneegestöber wirkt fast schon romantisch weihnachtlich. Ich freue mich schon auf den letzten Teil, den Höhenweg nach Karrösten, den ich dann prompt versäume. Ich bin einen Stock zu tief, muss die Asphaltstraße gehen und habe dafür dann auch noch einen ordentlichen Anstieg zu meinem Tagesziel vor mir.
Bald finde ich das Haus R. und werde schon erwartet. Meine Gastgeberin heißt Tilly, redet mich gleich mit Du an und ist in ausgeprägtem Oberlän-

der Dialekt rau, aber herzlich. Ich bekomme auch gleich zur Begrüßung einen Schnaps zum Aufwärmen. Ihr Mann Seppele beeindruckt mich mit seiner Aufmachung und seinen Geschichten. Er hat einen Rauschebart und – trotz angenehmer Zimmertemperatur – eine Mütze mit drei Edelweiß und dem Schriftzug „AUSTRIA“ tief in die Stirn gezogen. Er erzählt mir in atemberaubendem Tempo seine Abenteuer als Bergsteiger, Bergretter und wie er mehrmals Gevatter Tod wieder von der Schippe gesprungen ist. Tilly hat mir derweil eine Suppe mit Tiroler Knödeln gemacht und braucht nahezu Brachialgewalt, um Seppele von mir wieder loszueisen.

10. März: Tilly berät mich über den weiteren Weg. Die als eindrucksvoll beschriebene gotische Kirche von Obsaurs mit dem Graffiti eines Jakobspilgers aus dem Mittelalter soll ich auslassen, weil die Kirche ohnehin geschlossen ist.

Das tue ich dann auch. Nach Imsterau wehre ich mich verzweifelt dagegen, wieder einmal durch den Tiefschnee zu stapfen. Aber es hilft nichts, nach einigem Hin und Her und einem großen Bogen lande ich wieder genau dort, wo ich vor einiger Zeit schon war. Mit der Tiefe des Schnees ist es dann aber nicht so schlimm und ich steige langsam, aber stetig den Bergwald nach Kronburg hinauf. Das ist ein einzigartiges Ensemble aus Wallfahrtskirche, Klösterchen und alles überragender Burg.

Wallfahrtskirche Maria Hilf
unter der Kronburg

Als ich Zams erreiche, kehre ich bei einer Metzgerei ein, in die vor Jahrzehnten schon mein Schwiegervater gern eingekehrt ist. Bei einer Schweinshaxe schreckt mich die Kellnerin mit dem Wetterbericht auf, der für morgen einen halben Meter Neuschnee verheißt. Gegen den Arlberg zu sei das meistens noch mehr.

Ich möchte ja morgen Mittag um 14 Uhr den Zug in St. Anton nehmen, um meine Mutter zu besu-

chen. Mit einem halben Meter Neuschnee kann ich das aber vergessen. Was ist also zu tun? Es ist 14 Uhr und mein Führer weist für die Strecke Zams – Flirsch einen Zeitbedarf von 5 Stunden auf. Ich wollte an diesem Tag zwar nicht so weit gehen, aber wegen des drohenden Neuschnees entschließe ich mich, „die Beine in die Hand zu nehmen" und bis Flirsch durchzustarten. Vorher gönne ich mir allerdings zur Schweinshaxe noch eine Nusstorte. Das ist das Angenehme beim Gehen über den ganzen Tag: Man kann gar nicht genug essen und verträgt alles.
Die Strecke nach Stanz hinauf ist steil und durch umgestürzte Bäume nicht einfach zu überwinden. Dann führt der Weg entlang einer alten Römerstraße in alter alpiner Kulturlandschaft angenehm Richtung Flirsch. In Grins überquere ich eine malerische Römerbrücke.
Langsam komme ich wieder in die Region mit durchgehender Schneedecke und es ist spannend, ob mich die alten Spuren wohl den ganzen Weg tragen werden. Denn das Waten im Tiefschnee hätte mein Zeitplan für diesen Tag wohl nicht vertragen. Ich habe Glück, die Spuren gehen durch und sind gut begehbar. Gleichzeitig gratuliere ich mir zu meinem Entschluss, bis Flirsch weiterzumarschieren, denn diese Strecke wäre mit einem halben Meter Neuschnee nicht zu bewältigen gewesen. An diesem Punkt des Weges und in bester Stimmung klingelt plötzlich mein Handy, und an meine liebe Mutter denkend, hebe ich mit einem mulmigen Gefühl ab. Doch es sind gute Nachrichten, die mich erreichen: Mein Sohn wird im Herbst wieder Vater und ich erneut Großvater. Ich freue mich und es gibt ein neues Gebetsanliegen. In der Abenddämmerung begegnen mir fünf kapitale Hirsche, die sich wohl über den seltsamen Waldschrat mit großem Rucksack wundern. Der Zeitplan geht auf und ich erreiche mit einbrechender Dunkelheit bei starkem Schneefall Flirsch. Ich finde eine nette Pension beim Ehepaar J. und gönne mir zur Feier des besonderen Tages noch ein feines Abendessen in einem benachbarten Skihotel.

11. März: Gut ausgeschlafen betrete ich am Morgen den Frühstücksraum und höre, wie die Wirtsleute mit anderen Gästen diskutieren: „Was wird er jetzt wohl machen?" Sie sprechen offensichtlich von mir und klären mich dann gleich auf: Es hat in der Nacht tatsächlich viel geschneit und die Bundesstraße von Flirsch nach St. Anton ist wegen Lawinengefahr gesperrt. Herr J. fragt, ob ich vorhabe, den Tunnel der Arlberg-Schnellstraße zu benützen. Das kommt mir nicht sympathisch vor. So bin ich

Von Flirsch nach St. Anton

echt ratlos, denn ich will ja unbedingt um 14 Uhr den Zug in St. Anton erwischen. Da kommt Herr J. auf die Idee, dass ich auf der Langlaufloipe gehen könne. Das gefällt mir gut, da habe ich schon Erfahrungen vom Wilden Kaiser. Ich lasse mir die Strecke beschreiben und es geht los.
Der Schneefall hat aufgehört, ab und zu blinzelt die Sonne durch und die Loipe samt Winterwanderweg ist frisch gespurt. Das schaut ja sehr gut aus – bis der Lawinenstrich kommt. Dort ist die Loipe zu und deshalb nicht gespurt. Auch die Bundesstraße war gesperrt, ist aber zum Glück mittlerweile wieder offen, so wandere ich zurück nach Pettneu und dann bis St. Jakob auf der Straße.
Ich komme frühzeitig nach St. Anton, besuche meine vor Wochen deponierten Ski und kündige der Hausfrau, die sie aufbewahrt, an, dass ich meine Ausrüstung morgen holen möchte. Bei der Galzig-Talstation erkunde ich die Lage für morgen. Ich sehe, dass nur eine Abfahrt nach Stuben hinabführt, die Valfagehr. Gleichzeitig stelle ich fest, dass diese Abfahrt wegen Lawinengefahr gesperrt ist. Wie wird das wohl morgen scin?
Ich besteige kurz nach 14 Uhr den Zug nach Salzburg und besuche gegen Abend meine Mutter, die heute 95 Jahre alt geworden ist. Leider hat sich ihr Zustand nicht gebessert, so erkennt sie mich auch heute nicht und das Feiern ihres Geburtstages ist nicht einmal ansatzweise möglich.

Vom Arlberg an den Vierwaldstättersee (12. bis 17. März)

12. März: Meine ursprüngliche Planung ging davon aus, dass ich heute mit dem Zug so früh wie möglich wieder nach St. Anton fahre, meine Ski hole und dann den Arlberg angehe. Sissy ist aber so lieb (oder so besorgt), dass sie mich mit dem Auto begleitet. Bei den Herz-Jesu-Missionaren, wo wir die Frühmesse besuchen, ist man erstaunt, mich zu sehen und ich verabschiede mich wieder einmal. Diesmal hoffentlich für länger?

Nach einer problemlosen Autofahrt sind Sissy und ich nach zweieinhalb Stunden in St. Anton. Sissy ruft während der Fahrt bei der Galzig-Bahn an und erfährt, dass die Valfagehr Abfahrt wegen Lawinengefahr zwar noch gesperrt ist, aber voraussichtlich im Lauf des Vormittags aufgemacht wird. Gleichzeitig sagt der Wetterbericht für den frühen Nachmittag das Eintreffen der nächsten Wetterfront an. Rein theoretisch kann ich also zwischen Aufheben der Pistensperre am Vormittag und dem nächsten Schneefall am Nachmittag, der die Lawinensituation wahrscheinlich wieder verschlechtern wird, den Arlberg überwinden. Aber geht sich das in der Umsetzung auch so aus? Endlich habe ich meinen seit Tagen vermissten Stress wieder! Ich verzichte auf eine Jause, von einem Mittagessen gar nicht zu reden. Zeitsparen ist angesagt. Es ist schön, wieder einmal mit Ski an den Füßen einen Berg hinaufzueilen. Vor allem, weil mein Pilgerrucksack derweil mit Sissy im Auto mitfährt. Am Galzig oben komme ich mir fast vor wie in einer Massenveranstaltung. So viele Leute! Es gibt schon leichtes Schneetreiben und die Sicht ist nicht mehr die beste. Zur Valfagehr muss ich zuerst vom Gipfel ein Stück abfahren und dann wieder ansteigen. Ich sehe zwar, wo ich hinauf muss, aber nicht, wie ich da hinkomme, denn einige Pisten sind nach wie vor gesperrt. So fahre ich zu weit ab, bis ich sehe, wo ich tatsächlich hinaufkann. Aber was machen die paar Höhenmeter schon aus, wenn ich den Arlberg, der mir schon so viel Kopfzerbrechen bereitet hat, tatsächlich schaffe. Endlich bin ich erneut oben und es ist sogar die richtige Pistennummer. Die Valfagehr ist eine Traumabfahrt: Kilometerlang, breit und weder steil noch flach. Ich erreiche in Hochstimmung Stuben. Jetzt ist der Arlberg als höchster Bergübergang meiner Pilgerreise, noch dazu im Winter, Vergangenheit.

Ich habe mit Sissy vereinbart, dass sie uns in Bludenz ein Zimmer sucht und wir uns dann um 15 Uhr in Dalaas treffen. Ich merke bald, dass ich

hoffnungslos optimistisch war. Das kann ich nie und nimmer schaffen! Denn mein Traum, eine durchgängige Langlaufloipe bis Dalaas, bleibt ein solcher. Anfangs Loipe, dann Tiefschnee, dann Lawinengalerien und so weiter. Endlich geht die Loipe durch, aber der Schnee ist schwer und ich bin nicht mehr frisch. Um schneller vorwärts zu kommen, geht eigentlich nur das Skaten und dazu habe ich heute nur mehr ab und zu die Kraft.
So komme ich mit einer Stunde Verspätung in Dalaas an. Aber ich habe eine geduldige, verständnisvolle Frau. Sie reicht mir frische Kleidung und etwas zu trinken. Ihrem verlockenden Angebot, mit ihr im Auto nach Bludenz zu fahren, widerstehe ich, obwohl es von Dalaas nach Bludenz laut Führer noch drei Stunden sind. Dafür darf mein Rucksack mit.
Ich halte mich an die Asphaltstraßen, die Lust auf Tiefschnee ist mir abhandengekommen. Der Schneefall geht schön langsam in Dauerregen über. Gegen 19 Uhr erreiche ich Bludenz und feiere mit Sissy die gelungene Arlbergüberquerung. Im Gasthof zum Löwen ist es in einem topmodernen Dachzimmer fein, den Regen nur mehr auf das Dach und nicht mehr auf die eigene Regenhaut prasseln zu hören.

13. März: Am Morgen besuchen wir gemeinsam die Frühmesse. Dann verlässt mich meine Frau und fährt voraus in die Schweiz nach Brunnen, wo ich in vier Tagen einzutreffen hoffe.
Vor mir liegen bis Feldkirch nur 24 km, mein Körper hat die gestrige Arlbergetappe noch gut in Erinnerung und deshalb starte ich wenig ambitioniert. In Nüziders, nach rund einer halben Stunde Weges, kommentiert ein am Straßenrand stehender Arbeiter meinen Gehstil mit „Scheen müad“ oder „Scho müad“ im breitesteten Vorarlbergerisch. Mein Stolz ist getroffen, so reiße ich mich am Riemen und täusche wieder einmal den Taufrischen vor.
Der Walgauweg führt mich oberhalb des Tales im Bregenzerwald von einem Dorf zum anderen. Ich passiere den hängenden Stein, einen überdimensionalen Felsen, der in seinen Umrissen einer modernen Comic-Figur ähnelt und die Grenze zwischen Ost- und Westalpen darstellt.
Der Weg durch den Walgau ist sehr lieblich, wenn auch nicht unbedingt aufregend in die bäuerliche Kulturlandschaft gelegt. Wanderer, die ich treffe, geben mir den Tipp, in Feldkirch wegen einer Übernachtung im Kapuzinerkloster vorzusprechen, dort habe man für Pilger ein eigenes Zimmer reserviert. Das mache ich gerne und erhalte bei der Pforte Einlass in die

„Hängender Stein" im Walgau als Grenze zwischen Ost- und Westalpen

ehrwürdigen Klostermauern. Die Menschen, denen ich dort begegne, sind freundlich, passen allerdings nicht in meine Klischeevorstellungen von einem Kapuzinerkloster. Der Pater an der Pforte ist ein junger Mann in Blue-Jeans und auch sonst in eher lockerem Outfit. Außerdem kommen mir noch zwei Frauen älteren Semesters unter. Das Pilgerzimmer mit zwei Betten ist karg, wie es sich für ein Kapuzinerkloster gehört.
Ich nehme an der Vesper teil, wo ich die kleine Schar der Patres und Fratres kennenlerne und gewahr werde, wie sehr die Gebete um Nachwuchs für diesen Orden gerechtfertigt sind. Als Abendessen wird mir Kartoffelsalat und Käse in die Zelle, pardon, das Pilgerzimmer gebracht. So beschließe ich bescheiden und ergeben meinen letzten Pilgertag in Österreich.

14. März: Nach Laudes und Morgenmesse darf ich mit den Patres frühstücken. Manche waren schon in Salzburg stationiert und wir tauschen uns über gemeinsame Bekannte aus. Für Kost und Logis wird nichts verlangt und so gebe ich 20 Euro als Spende.
In Feldkirch verlasse ich den markierten Jakobsweg, der zum Bodensee führt und in den Schwabenweg einmündet. Mein Österreich-Jakobswegführer empfiehlt bis Einsiedeln die Route über Liechtenstein und Sargans. Diese soll wesentlich kürzer sein, allerdings muss man sich seine Wege selber suchen. Dabei dürften auch die früheren Jakobspilger schon hier

Brücke über den Rhein zwischen Liechtenstein und der Schweiz

entlanggezogen sein, wie einige Jakobskirchlein verraten. Bis Vaduz gehe ich fast nur die Hauptstraße entlang. Durch den Morgen-Zeitplan der Franziskaner bin ich spät dran und möchte nicht weiter Zeit durch die Suche nach Wanderwegen verlieren. In Vaduz sehe ich mich nach einem passenden Lokal zum Mittagessen um und schlendere durch den Ortskern. Kaum bin ich drin, bin ich auch schon wieder draußen. Die Hauptstadt von Liechtenstein ist sehr überschaubar. Ich vollende meine kurze Stadtbesichtigung und bin doch ein wenig enttäuscht von den kaum vorhandenen gastronomischen Angeboten. Nach einem kleinen Imbiss hole ich mir im Tourismusbüro einen Stempel für meinen Pilgerpass. Dort sagt mir eine nette junge Dame, der Stempel koste eigentlich 3 Fränkli, aber ich (als gut erkennbarer Jakobspilger) erhalte ihn umsonst.

Auf einer bemerkenswert riesigen Holzbrücke überquere ich den Rhein und bin nach diesem kurzen Zwischenspiel in Liechtenstein auch schon in der Schweiz. Am Treppelweg des Rhein geht es flussaufwärts etwas langweilig dahin, aber die Nachmittagssonne lädt mich zu einem erquickenden Schläfchen im Auwald ein. Es ist das erste auf meinem Pilgerweg und daher schon etwas Besonderes!

Eigentlich wollte ich ja nur bis Sargans gehen. Dort angelangt, bin ich aber noch gut drauf und die Nachmittagssonne lacht so schön und warm, dass ich beschließe, bis Flums weiter zu marschieren. Von der malerischen und weithin sichtbaren Burg in Sargans führt ein romantischer Weg bis Heiligenkreuz durch die Weinberge. Ja, auch hier mitten in den Nordalpen gibt es ansehnliche Weinkulturen! Ich bin neugierig auf den Tropfen aus dieser Landschaft und nehme mir vor, in Flums heute Abend einen zu bestellen. Leider hören die Weinberge und damit der schöne Weg bald auf und es geht wieder die Straße entlang.

Es ist spät geworden, als ich Flums erreiche. Gibt es in diesem Dorf überhaupt ein Hotel? Ich finde keines, aber im Restaurant Rebstock „hat es auch Fremdenzimmer“, wie mir eine freundliche Flumserin verrät. Sehr vertrauenerweckend sehe ich offensichtlich nicht (mehr) aus, denn die Kellnerin sagt mir das Zimmer erst nach längerem Zögern und Rückfrage beim Chef zu. Außerdem fragt sie noch, ob ich 60 Fränkli für das Zimmer bezahlen könne. Ich bejahe und so darf ich bleiben. Es handelt sich zwar nicht um ein richtiges Zimmer, sondern nur um eine schmale Kammer, aber ich bin zufrieden. Schließlich war ich mir ja gar nicht sicher, überhaupt ein Quartier zu bekommen. Beim Auspacken höre ich aus der Nähe Kirchenglocken zur Messe rufen. Ich lasse mich davon locken und komme in eine wunderschöne alte Kirche, die dem heiligen Justus geweiht ist. Sie stammt in ihren Ursprüngen aus dem 8. Jahrhundert und zählt zu den kostbarsten Bauwerken des Kantons St. Gallen. Das Mitsingen des Kirchenvolkes bei der Messe fällt allerdings erbarmungswürdig aus, sodass ich mich genötigt sehe, kräftig mitzuhelfen. Ob es deshalb schöner geworden ist, darf bezweifelt werden.

15. März: Frühstück gibt es am nächsten Morgen, es ist Sonntag, erst spät. Erfreut bin ich über den Wirt, der für das Zimmer samt Frühstück nicht 60, sondern doch nur 50 Fränkli verlangt. Der Status des Jakobspilgers scheint doch immer wieder mildtätige Herzen zu berühren.

Der weitere Weg führt über einen ausgedehnten Schießplatz der Schweizer Armee. Gut, dass heute Sonntag ist, sonst hätte ich wahrscheinlich einen großen Umweg machen müssen. Dann wartet schon der grauverhangene Walensee auf mich, den mein Schwiegervater wegen der früher häufigen Staus „Qualensee“ genannt hat. Auf mich hat er jedoch eine gänzlich andere Wirkung: Der Weg am Ufer ist reizvoll und abwechslungsreich. An einem Haus komme ich vorbei, das einmal nicht durch fromme, sondern durch lustige Sprüche besticht. Ein Beispiel: *„Selig der, der nichts zu sagen hat und trotzdem schweigt“*. Oder ist dieser Spruch vielleicht doch fromm?

Alter Weg am Walensee entlang

Das letzte Stück des Weges am Walensee entlang ist ein schon uralter Pfad, der einen gewagt, aber sicher im Bergwald zwischen Felsen und See in die anschließende Ebene führt. Die nun folgende Ebene bis zum Zürichsee bestätigt das Vorurteil von den „Mühen der Ebene". Der Vorteil dabei: Man kommt rasch vorwärts. Ich steuere Reichenburg an, weil ich bei diesem etwas größeren Ort annehme, dass mir die vortägige mühsame Suche nach einem Nachtquartier erspart bleiben wird. So ist es dann Gott sei Dank auch. Das *Gasthaus zum Hirschen* hat – sogar ohne Nachfragen beim Chef – ein Zimmer für mich. Zum Abendessen gehe ich in den Gastraum und werde aufgefordert, mich dazu zu setzen. Das Gespräch in lebendigem Schweizerdeutsch läuft aber an mir vorbei. Immerhin verabschieden sich alle, die früher gehen, von mir mit Handschlag, ganz so, als würde ich schon immer zu ihnen gehören.

16. März: Herrliches Wetter erwartet mich für meinen Marsch, der vorerst noch den Rest der Ebene (die mit den Mühen) hinter sich bringen muss. Interessant wird es wieder bei der Annäherung an den Zürichsee. Zwei von außen unscheinbare Kapellen am Wegesrand sind im Innenraum so prachtvoll ausgestattet, dass sie es bei uns wohl längst zur lokalen Berühmtheit mit Alarmanlagen gebracht hätten. Eine davon, St. Johann in Lachen, steht darüber hinaus noch imposant über dem Tal auf einem

St. Johann in Lachen

Berglein, das mit ausgedehnten Rebkulturen bekleidet ist. Bei der Planung der heutigen Etappe war mir bewusst, dass der Übergang nach Einsiedeln beim kleinen Pass Etzel/St. Meinrad wieder in den Hochwinter zurückführen wird. Ich nehme aber an, dass die schmale Passstraße geräumt ist. Meine Aufgabe wird darin bestehen, sie zu finden. Nicht schlecht geplant, aber die Durchführung lässt zu wünschen übrig.
In Siebnen treffe ich nämlich auf den Schweizer Weitwanderweg Nr. 4, die Via Jacobi. Ich bin hoch erfreut, mich erstmals seit Feldkirch wieder auf dem ausgeschilderten Jakobsweg zu befinden und mir meine Route nicht mehr ohne Karte irgendwie suchen zu müssen. Also begebe ich mich – ungeachtet meiner Planungen – auf die Schiene der Via Jacobi. Von einem früheren Studium des offiziellen Führers der Via Jacobi habe ich außerdem in Erinnerung, dass sich dieser Weg in der Nähe der Passstraße bergauf schlängelt. Da kann ja dann nicht viel passieren.
Ich gehe also bergan, vorerst schneefrei, dann beginnt der Tiefschnee. Ich wechsle auf das nahe gelegene Asphaltsträßchen in der Annahme, jetzt die Passstraße zu erreichen. Aber die Asphaltpiste endet bald bei einem Gehöft. Soll ich jetzt wieder bergab gehen und viel Zeit verlieren? Nein, ich kenne das Gebiet ja ein wenig von einer Mountainbiketour. St. Meinrad auf der Passhöhe werde ich auch so finden. Ich folge alten Spuren im harten Schnee, vorerst Wander-, dann Wildspuren und gelange gar nicht

so schlecht auf die Kuppe dieser bewaldeten Hügelkette. Oben finde ich ein Hinweisschild für Wanderer: St. Meinrad 35 Minuten. Das klingt ja an sich nicht so schlecht, aber leider gibt es ab hier gar keine Spuren mehr. Ich breche unentwegt in den Tiefschnee ein, mal gerade, mal schief. Bald sind die Socken und Schuhe völlig durchnässt. Ich stapfe durch den Schnee, die Sonne brennt, der Schweiß rinnt. Trotzdem werden meine Füße immer kälter und gefühlloser. Bei jeder Lichtung hoffe ich auf ein Ende der Mühsal, aber die 35 Minuten im Sommer sind eine halbe Ewigkeit bei Tiefschnee. Ich schaue nicht auf die Uhr, wie lange ich tatsächlich brauche. Denn ich ärgere mich so über mich selbst, dass ich mich nicht an meine Planung gehalten habe. Jedenfalls sind es die längsten 35 Minuten meines Lebens und ich bin total fertig, als ich endlich auf die kleine, selbstverständlich geräumte Passstraße, die noch dazu für den allgemeinen Fahrzeugverkehr gesperrt ist, treffe. Diese Etappe in wunderschöner Landschaft bei herrlichem Wetter habe ich mir ziemlich vermasselt. Es dauert nun nicht mehr lange und ich komme nach St. Meinrad am Etzelpass. Ich rufe Sissy an, die in Brunnen auf mich wartet und mache einen Treffpunkt in Einsiedeln aus.
Von St. Meinrad geht es die geräumte Straße hinunter. Schön langsam werden meine Füße wärmer, das Wasser quatscht aus den Schuhen zu einem Teil heraus und meine Stimmung hebt sich wieder in der prachtvollen Winterlandschaft.
Ich weiche nicht mehr vom geräumten Asphalt und gelange bald in den Wallfahrtsort Einsiedeln, wo ich als erstes der Muttergottes in der Basilika einen Besuch abstatte. Aber nur kurz, denn der Zeitpunkt des Treffens mit Sissy naht bereits. Bei der Pforte bekomme ich noch einen eindrucksvollen Stempel, der vom diensthabenden Pater auch noch in gestochener Schönschrift unterschrieben wird. Meine Eile war jedoch gänzlich umsonst, denn Sissy muss wegen eines Unfalles einen großen Umweg machen und kommt um einiges später. Wir fahren nach Brunnen und wenden alle möglichen Tricks wie Föhnen und Ausstopfen mit Zeitungen an, um die Schuhe bis morgen wieder trocken zu bringen.

17. März: Am nächsten Morgen fährt mich Sissy von Brunnen nach Einsiedeln zurück, damit ich zu Fuß von dort wieder nach Brunnen wandern kann. Mancher meint vielleicht, ich nähme es zu genau … na ja, ich war offensichtlich zu lange Beamter und Jurist!

Zuschauer am Wegesrand

Von Einsiedeln trenne ich mich für diese Etappe von der markierten Via Jacobi, die über Haggenegg hinunter nach Schwyz führt. Ich kenne diese Strecke vom Sommer und weiß, dass der Etzelpass, der mir am Vortag so große Schwierigkeiten gemacht hat, ein kleine Bodenunebenheit gegen das Haggenegg ist. Vor allem besteht nicht die geringste Chance auf eine geräumte Straße. Also weiche ich über Rothenturm und Sattel aus, wo ich rasch und ohne Schwierigkeiten in das Schwyzer Becken und an den Vierwaldstättersee komme. Die Nacht verbringe ich wieder privat in Brunnen und freue mich schon auf die nächsten Tage, denn von Brunnen bis Genf will Sissy mit mir gehen.
Dank des Schweizer Wanderführers weiß ich, dass es zum Innerschweizer Weg über den Brünigpass und Interlaken noch eine Alternative gibt: Den Luzerner Weg. Offensichtlich hatten auch im Mittelalter schon die Pilger zu bestimmten Jahreszeiten wenig Freude mit den verschneiten Bergen.

Vierwaldstättersee bei Brunnen

Vom Vierwaldstättersee nach Bern (18. bis 21. März)

18. März: Sissy und ich besteigen nach dem Vorbild der Pilger im Mittelalter am Dienstagmorgen das Boot, um den fjordähnlichen Vierwaldstättersee von Ost nach West zu überqueren.
So gemütlich und schön habe ich bisher noch keinen Pilgertag begonnen. Die Ufer des Sees gleiten an uns vorüber und wir bewundern so manches Schlösschen und so manche luxuriöse Villa am Ufer. Großstädtisches Treiben am Luzerner Hafen bringt uns dazu, so rasch wie möglich den Trubel dieser malerischen Stadt hinter uns zu lassen. Die Wegweiser für die Via Jacobi sind nicht auszumachen, aber ich weiß, dass wir nach Kriens müssen, und das ist für die Autofahrer gut sichtbar beschriftet. Ich hätte mir Luzern viel kleiner vorgestellt, die Stadt will und will nicht enden. Dafür geht es dann aber auf sehr romantischen Wanderwegen über St. Jost und der kleinen Emme entlang bis zum imposanten Kloster Werthenstein.
Das Kloster ist aufgelassen. Die Kirche ist nur mehr Pfarrkirche, aber das burgähnliche Ensemble ist eindrucksvoll. Wir wandern in den kleinen Ort hinunter und finden zu saftigen Schweizer Preisen Unterkunft im Gasthaus zur Emme an der Hauptstraße.

19. März: Unter wolkenlosem Himmel wandern wir am nächsten Tag hügelauf, hügelab, durch Wiesen und Wälder nach Willisau. Dieses Städtchen könnte in seiner Alt-Schwyzer Bürgeridylle einer Novelle von Gottfried Keller entsprungen sein. Nach dem Mittagessen in der Sonne am mittelalterlichen Marktplatz lädt uns ein nahe gelegener Hügel zum Mittagsschläfchen in den Farnen ein. Wie herrlich ist doch das Pilgern bei schönem Wetter und in Gesellschaft meiner Frau!

Weiter geht es durchs „wilde" Emmental nach Uffhusen, wo wir uns freuen, gleich das *Gasthaus zum Kreuz* zu finden. In der Wirtsstube fragen wir nach einem Zimmer, doch die Wirtin gibt uns stattdessen einen Korb, was anwesende Gäste durchaus verwundert. Denn normalerweise scheint es hier schon Zimmer zu geben. Hoffentlich ist nicht unser Äußeres so wenig vertrauenerweckend? So gehen wir eben in der Abendsonne weiter nach Huttwil. In einer Nebenstraße entdecken wir ein Schild „B + B" (Bed and Breakfast). Das ist das erste Schild mit Hinweis auf Privatzimmer, das uns in der Schweiz auffällt. Wir fragen nach und erhalten bereitwillig Eintritt. Im Haus befindet sich ein Dentallabor, und das „Fremdenzimmer" ist ein Kellerraum. Dieser ist nur über diverse verschachtelte und verrumpelte Vorräume zu erreichen. Obwohl mehr Jugendraum als Fremdenzimmer, ist das Zimmer aber sonst ganz in Ordnung. Der Kellergeruch wird von einem Duftspender überlagert, der in Sissy leichte Übelkeit hervorruft, aber für eine weitere Quartiersuche sind wir schon zu müde. Ich frage nach den Kosten. „40 Franken" ist die Antwort. Das klingt ja nicht schlecht, aber ich frage trotzdem nach, ob pro Person oder pro Zimmer. Das muss

Voralpenlandschaft zwischen Luzern und Bern

erst erhoben werden. Wir gehen derweil zu Abend essen. Nach der Rückkehr wird uns beschieden, dass das Zimmer 80 Franken koste. Das ist unter diesen Bedingungen ganz schön gewagt. Aber wir bleiben.

20. März: Am nächsten Morgen werden wir von den Hausleuten nach oben ins freundliche Esszimmer gebeten und erhalten ein reichhaltiges und gutes Frühstück. Vorerst ist die Atmosphäre noch unterkühlt, taut aber dann zusehends auf und wir führen ein nettes Gespräch mit der Hausfrau, in dem sie uns auch über diverse Pilgervorgänger berichtet. Die Frau des Hauses schenkt uns auch eine Broschüre, in der Jakobswegpilgern günstige Quartiere, Privatzimmer und Hotels angeboten werden. Das ist sehr wertvoll, weil in der Schweiz, wie schon erwähnt, fast nirgends Privatzimmer ausgeschildert sind.
Der Winter hat uns nach dem gestrigen Frühlingstag wieder eingeholt. Freundlicherweise bläst er uns aber die Schneeschauer in den Rücken und nicht ins Gesicht. Kein Wunder, dass hier im Emmental die Bauernhäuser ihre Mützen so tief ins Gesicht gezogen haben. Es geht – wie nun schon gewohnt – den ganzen Tag hügelauf-, hügelab durch Wiesen und Wälder. Nur ab und zu sehen wir einen Bauernhof. Ein ideales Gelände zum beschaulichen Wandern. Am Nachmittag bessert sich das Wetter und ein

Bauernhaus im Emmental

Boll bei Bern

paar trockene Baumstämme laden uns zu einem kurzen Mittagschläfchen ein. Wir nähern uns unserem Tagesziel Burgdorf und die Landschaft wird spektakulärer. Wir durchschreiten eine „hohle Gasse“ aus Sandstein, und mauerglatte Wände stehen wie steinerne Wächter in der Gegend. Nachdem wir ein Quartier gefunden haben, schlendern wir ohne Gepäck durch das alte Dorf mit seiner starken Burg und den mittelalterlichen Häusern, die sich in deren Schutz zusammendrängen.

21. März: Nach einem späten Frühstück starten wir in den schönen, kalten Wintermorgen, der sich aber doch binnen weniger Stunden zum Frühlingstag entwickelt. Der Weg führt uns durch eine parkähnliche Landschaft weiter Richtung Bern. In Krauchthal, wo wir gerade an einem Gefängnis vorbeigehen, das in einer imposanten Burg untergebracht ist, ereilt uns der Anruf unseres Sohnes Georg: Meine Mutter liegt im Sterben! Wir steuern sofort den Ort mit dem nächsten Bahnhof an, es ist das im Weichbild Berns gelegene Boll. Ein letzter schöner Blick auf den Frühling an der Via Jacobi, dann geht es am selben Tag noch nach Salzburg. Wann wird es wohl weitergehen?
Es war wunderschön, die Freuden, Überraschungen und Mühen des Pilgerns mit einem geliebten Menschen zu teilen. Da macht es nichts aus, dass die Tagesetappen etwas kürzer ausgefallen sind. Schade, dass Sissy den Pilgerweg nach nur vier Tagen in der Schweiz nicht mehr fortsetzen wird. Sie lässt offen, ob sie in Spanien ein weiteres Stück mit mir gehen wird. Aber all diese Anschauungen sind ziemlich unwichtig geworden, jetzt, wo meine Mutter dabei ist, das Ziel ihres Pilgerweges zu erreichen.

Von Bern nach Genf (29. März bis 3. April)

Es war Sissy und mir geschenkt, meine Mutter in ihren letzten Tagen und Nächten zu begleiten. Das Begräbnis fand am Samstag, dem 28. März, statt. Nach den Feierlichkeiten nehme ich wieder einmal Abschied von Familie und Freunden.

29. März: Der Sonntag ist noch keine Stunde alt, als ich den Zug in die Schweiz besteige, mit Essen und Trinken bepackt. Um 10.15 Uhr bin ich wieder in Boll bei Bern angelangt. Jetzt geht's endgültig los!
Wenig aufregend, aber beschaulich führt der Weg zur Aare. Diesen Fluss überquere ich mithilfe der romantischen Auguetbrücke. Der nun folgende Weg bis Rueggisberg verläuft über schöne, weiche Waldwege. Aber ein kleines Problem gibt es dabei: In der Nacht hat es in höheren Lagen etwa 5 cm geschneit. Das ist recht unangenehm. Meistens geht es nämlich durch den Wald und von den Bäumen tropft erbarmungslos der tauende Schnee. Es bleibt mir nichts anderes übrig, als mein Regencape überzuziehen.
Laut Führer der Via Jacobi sind mir hier Blicke auf Eiger, Mönch und Jungfrau im Berner Oberland verheißen. Die trübe Sicht hält aber leider nicht, was der Führer verspricht. Das Wahrzeichen von Rueggisberg sind die Überreste eines mächtigen Cluniazenserpriorats. Dieses Kloster hat vielen Jakobspilgern im Mittelalter bis zur Reformation als Herberge und Zufluchtsort gedient. Im protestantischen Kanton Bern gab es dann keine Verwendung mehr für ein Kloster. So wurde es ein sogenanntes „Haberhuus“, in dem Hafer gelagert wurde, und verfiel dann. Nur mehr Teile sind erhalten geblieben.
Nach Rueggisberg hänge ich noch 10 km an die Tagesetappe. Aber wie das mit dem Anhängen so ist: Das Ziel Altenburg kommt einfach nicht näher, obwohl man es von Weitem schon lange sieht. Als ich endlich ankomme, suche ich mir sofort ein Hotel und begebe mich zur Ruhe.

30. März: Am nächsten Tag geht es in den Sensegraben, ein beliebtes Naherholungs- und Naturschutzgebiet. Besonders eindrucksvoll ist das Begehen des Torenöli, ein mit runden Flusssteinen gepflasterter alter Weg, gesäumt von rund ausgeschlagenen Sandsteinfelsen. Ich komme in den Kanton Freiburg. Der Unterschied zwischen dem protestantischen Bern und dem katholischen Fribourg ist augenfällig. In katholischen Landen

Das Torenöli, ein alter Weg im Sensegraben

begegnen einem an jeder Ecke Bildstöcke, Wegkreuze, Kapellen und jeder kleine Weiler nennt ein kleines Kirchlein sein Eigen. In Bern war zumindest äußerlich der christliche Glaube der Bevölkerung aus der Landschaft kaum mehr abzuleiten. Auf einem schönen Wiesenweg nach St. Antoni entlang eines Bächleins komme ich zu einem Stand mit einer Madonna, auf dem ich folgendes Gebet finde:

Mit Gottes Hilfe
Nicht was ich noch alles tun soll, sondern was ich heute lassen kann,
hilf mir zu erkennen!
Nicht was ich zusätzlich noch übernehmen soll,
sondern was ich heute abgeben kann, sag mir!
Nicht womit ich mich auch noch beschäftigen soll,
sondern was ich besser bleiben lasse, zeig mir!
Nicht das immer noch mehr, sondern das Weniger
Will ich geduldig üben und gelassen lernen.

Vom Jakobsweg erwartete ich mir die Antwort, wie ich meine Zukunft gestalten soll. Liegt diese etwa schon in dem Gebet?

Der folgende Ort Tafers ist deutlich vom Jakobsweg geprägt. Neben der Pfarrkirche steht eine Jakobus-Kapelle, auf der das Hähnchenwunder abgebildet ist:
Nach dieser Legende hat ein Jakobspilger mit seinem Sohn in einer Herberge übernachtet. Der Sohn hat die Avancen der Wirtstochter standhaft abgewehrt, weshalb ihm aus Rache ein Becher ins Gepäck gepackt und er des Diebstahls bezichtigt wurde. Deshalb wurde er an einem Galgen aufgeknüpft. Der Vater zog traurig weiter, klagte dem heiligen Jakobus sein Leid und bat ihn um Hilfe. Bei der Rückkehr von Santiago fand er den Sohn noch lebend am Galgen vor. Daraufhin eilte er zum zuständigen Bischof, der gerade ein Hähnchen verspeiste. Diesem erzählte der Vater die Geschichte. Der Bischof sagte, eher werde das Hähnchen, das er gerade verspeise, wieder lebendig, als der gehenkte Sohn. In dem Augenblick flatterte das Hähnchen vom Teller. Der Bischof veranlasste, dass der Galgen mit dem verleumderischen Wirt geziert wurde und Vater und Sohn zogen heil von dannen.
Das Hähnchenwunder reklamiert allerdings nicht nur Tafers für sich, sondern auch andere Orte am Jakobsweg in Deutschland, der Schweiz und Spanien. Die Legende ist ein Beispiel dafür, welch originelle und wirksame Hilfe man dem heiligen Jakobus in ausweglosen Situationen zugetraut hat.
Ich komme nach Freiburg (Fribourg) und wundere mich, dass ich bisher noch nicht auf dieses Kleinod auf einem Felssporn über dem Tal der Saane aufmerksam geworden bin. Es ist ein mittelalterliches Städtchen mit pittoresken Kirchen, imposanten Wehranlagen, zahlreichen Brücken, romantischen Gassen, verspielten Brunnen und immer wieder gibt es Hinweise auf den heiligen Jakobus und die Pilgerschaft.
Die Stadt hinterlässt beim Durchwandern einen so romantischen Eindruck, dass ich beschließe, bald noch einmal herzukommen und sie meiner Frau zu zeigen. Deshalb halte ich mich heute auch gar nicht länger auf und hänge noch ein Stück Weges Richtung Romont an.
Im Führer für die Via Jacobi ist ein Abstecher zur Zisterzienserabtei Hauterive empfohlen. Vorerst umwandere ich irrtümlich das ausgedehnte Gelände der Abtei, die einsam in den Auwäldern, halb umflossen von der Saane und umrahmt von schroffen Uferfelsen, liegt. Beim Umwandern kommt mir die Idee nachzufragen, ob man im Kloster eine Übernachtungsmöglichkeit für mich hat. Ein sehr freundlicher Mönch erklärt mir, dass ich Glück habe, weil eine Reservierung ausgefallen ist. Das Zimmer

Brücke St. Apolline bei Freiburg

ist bescheiden, aber das soll es in einem Kloster ja auch sein. Neben mir sind noch etwa zehn andere Personen zu Gast in der Abtei. Ich kann nicht einmal sagen, woher, denn beim Abendessen und Frühstück wird kein einziges Wort gesprochen. Mit einer Ausnahme: Wir sind als Gäste zwar unter uns, es werden aber Ansprachen aus dem für uns unsichtbaren Speisesaal der Mönche übertragen, am Abend auf Deutsch, am Morgen auf Französisch. Das Essen ist bescheiden und wir Gäste kümmern uns auch um das Abräumen und den Abwasch. Natürlich alles schweigend.

Eindrucksvoll ist die Teilnahme an der Vesper und der Frühmesse am nächsten Tag. In der Klosterkirche sitzen vorne im Chorgestühl die Mönche und hinten in den Bankreihen mit mir einige Gäste. Die liturgischen Sprachen sind Latein und Französisch, wobei bis auf die Lesungen alles in gregorianischen Chorälen gesungen wird. Die etwa zwei Dutzend Zisterziensermönche in ihren weißen Kutten haben wunderschöne Stimmen. Nach einem bestimmten Ritual ziehen einige von ihnen an verschiedenen Glockensträngen, die – nach einer kurzen Reaktionszeit – ein Läuten hören lassen. Jedes Mal beim Wort „Seigneur" (Herr) verbeugen sie sich fast bis zum Boden. Es wundert mich nicht, dass zu diesen Gottesdiensten so viele Gäste kommen, denn eine solch ergreifende und mystische Atmosphäre habe ich bei normalen Werktagsgottesdiensten noch nicht erlebt.

Flußüberquerung bei Moudon

31. März: Es geht weiter Richtung Romont. Ich passiere die Kapelle von Posat, wo eine wundertätige Quelle schon viele Wallfahrende angezogen hat. Ich fülle mir eine Flasche mit dem eiskalten Wasser und trinke sie bis Mittag trotz frostiger Witterung aus. Man kann ja nie wissen, ob man es nötig hat. Romont könnte die „Stadt auf dem Berge" sein, von der in der Bibel (Mt 5,14) die Rede ist. Der malerische Ortskern auf der Spitze des Hügels ist weithin sichtbar. Ich durchziehe den Ort und drehe dann noch einmal um. Denn erst beim zweiten Durchqueren finde ich ein Lokal, in dem es etwas zu Essen gibt.
Am späten Nachmittag erreiche ich mein Etappenziel Moudon, das römische Minnodunum. Ich hatte bisher keine Ahnung, dass es in der französischen Schweiz so viele historisch und kulturell interessante Städtchen gibt. Die Touristeninformation ist zwar eigentlich schon geschlossen, aber ich komme noch hinein und so erhalte ich die Adresse samt Wegbeschreibung für ein Privatzimmer. Dieses ist schon etwas außerhalb von Moudon, jedoch idealerweise direkt am Jakobsweg gelegen. Eine freundliche Vermieterin und ein überdimensionaler Hund, der aber ebenso freundlich ist, heißen mich willkommen und ich erhalte ein kleines, gemütliches Zimmer im Obergeschoß.

1. April: Das Frühstück ist reichhaltig und um Klassen besser als in den meisten Hotels, in denen ich zu Gast war. So trete ich gut gestärkt die Weiterreise an. Ich bin mittlerweile schon im Waadtland und wieder auf protestantischem Gebiet. Das wird mir in Erinnerung gerufen, als ich an zwei hübschen Kapellen vorbeikomme und einen Blick hinein werfe. Drinnen sind sie sehr nüchtern eingerichtet. Daher spare ich mir bei den späteren Kapellen den Weg durch die Eingangstür. Auf dem Höhenrücken vor Lausanne erwartet mich wieder Altschnee. Diesmal suche ich ihn sogar, denn er ist hart und gut zu begehen, wogegen der Schlammpfad daneben weniger einladend ist. Sollte das der letzte Schnee auf meiner Pilgerreise gewesen sein?

Je weiter ich hinunter zum Genfersee komme, desto trockener und wärmer wird es. Auf Lausanne zu wird es fast schon frühsommerlich heiß. Von den ersten Vorstädten Lausannes bis in das Ortszentrum ist es aber noch ein weiter Weg. Beeindruckend und erfreulich ist aber, dass mich die Via Jacobi durch Parks, Wälder und Schluchten ganz nahe an die Kathedrale Notre Dame, also die Altstadt, heran bringt. Sie ist von außen ein prachtvolles Bauwerk. Im Inneren ist sie aber als mittlerweile reformierte Hauptkirche von Lausanne ziemlich ausgeräumt. So wähnt man sich als Katholik eher in einem Museum als in einem Gotteshaus.

Auch sonst hat die Altstadt von Lausanne Einiges zu bieten. Es herrscht geschäftige Betriebsamkeit, die mich jedoch nicht besonders anzieht. Ich

Rathaus von Lausanne

beschließe also, mir ein Quartier etwas außerhalb, am besten im Vorort St. Sulpice, zu suchen. In der Information am Bahnhof berät man mich, dass es dort nur eine einzige Adresse für Bed and Breakfast gibt. Dort meldet sich leider der Anrufbeantworter. Das billigste Quartier in St. Sulpice, das mir der Herr von der Information sonst nennen kann, ist ein Motel um 125 Franken pro Nacht. Das erscheint mir nun doch etwas üppig und ich ziehe los in der Hoffnung, schon etwas Günstigeres zu finden. Unterwegs rufe ich alle Adressen durch, die in Zusatzbroschüren für den Jakobsweg angegeben sind. Aber ich habe kein Glück. Entweder sind die Nummern besetzt oder nicht erreichbar. Die Saison hat offensichtlich noch nicht begonnen. Mittlerweile bin ich am Ufer des Genfersees und spaziere die 8 km bis St. Sulpice mit großem Genuss. Der Nachmittag ist wunderschön warm geworden und das Ufer ist als Freizeitparadies für alle mit Blumen prachtvoll gestaltet. So tummeln sich Jung und Alt am See und genießen die warme Frühlingssonne, eine Verwegene traut sich sogar in die kühlen Fluten.
In St. Sulpice folge ich den Wegweisern, die zum Drei-Stern-Hotel *Pre Fleuri* führen und ich frage nach dem Preis für ein Zimmer. Erfreut höre ich „cinquante (50) Francs". Am Zimmer, wo der Preis ausgeschildert ist, merke ich, dass ich offensichtlich das „cent (100)" vor „cinquante" überhört habe. Ich habe aber weder Nerven noch Kraft, das schöne Zimmer wieder zu verlassen und beschließe bequem den ersten Tag am Genfersee.

2. April: Am nächsten Morgen gleich eine Überraschung: Das Hotel kostet weder 150 noch 50, sondern 100 Francs. Ist das der Rabatt für Jakobspilger? Ich will mir die nervenaufreibende Quartiersuche von gestern ersparen und reserviere mir telefonisch ein Quartier in Prangins. Bis Rolle geht es weiter am Ufer des Genfersees entlang, was sicher zu den schönsten Wegstrecken des gesamten Jakobsweges gehört. Imposante historische Bauten und mit bunten Blumen bepflanzte Uferpromenaden geleiten mich in einer Parklandschaft westwärts.
Ab Rolle führt die Via Jacobi ins Hinterland des Genfersees. Hübsche Weinbaudörfer (Morges) reihen sich hier aneinander, immer wieder unterbrochen von Burgen und Schlössern. Diese Wegstrecke ist schön, wenn auch mit gelegentlichem Ärger verbunden: Einerseits ist die Kennzeichnug der Via Jacobi lückenhaft und ich muss mir meinen Weg wieder einmal irgendwie selbst suchen. Andererseits gestaltet sich die Streckenführung nicht sehr effektiv. Immer wieder führt der Weg ziemlich weit vom See

Uferweg am Genfersee

weg, um irgendein Dorf zu durchziehen und geht dann wieder ganz in Seenähe. Aber wunderschöne Flecken mit der ersten Pracht der Frühlingsblumen versöhnen mit der umständlichen Wegführung.
Besonders die in dieser Region sehr verbreiteten niedrigen Schlüsselblumen sind wie Sterne in das erste zarte Grün der Wiesen hineingegossen. Mehrmals sprechen mich Passanten an und fragen mich, wohin und wie weit ich wohl unterwegs bin. Verblüfft bin ich immer wieder, wenn ich gleich auf Deutsch angesprochen werde. Sieht man mir meine Herkunft etwa so deutlich an? In Gland spricht mich eine Frau an, die einem müden Jakobspilger eine Unterkunft verschaffen möchte. So ist das: An einem Tag muss man viel Mühe aufwenden, um ein Zimmer zu finden und an einem anderen Tag drängt es sich fast auf, obwohl ein Quartier bereits reserviert ist. Dieses befindet sich im Dorfwirtshaus von Pragins, das zwar für den Genfersee sehr moderate Preise hat, aber im Gastraum die totale Einnebelung bietet.

3. April: Das mit den moderaten Preisen relativiert sich am nächsten Morgen. Zu den 60 Franken für das Zimmer kommt noch die Ortstaxe und 10 Franken für das Frühstück, das schon sehr auf französische Verhältnisse hinweist und damit an Bescheidenheit schwer zu übertreffen ist.

Durch einen Wald voller Buschwindröschen, hinein in alte Wehrdörfer, vorbei an Schlössern und schönen Gärten ziehe ich weiter westwärts.
So macht es nicht so viel aus, dass ich den Genfersee seit Rolle eigentlich nur mehr aus der Ferne zu sehen bekomme. Auch diese Gegend lädt zum Wiederkommen ein. Das Unangenehme hier dürfte allerdings sein, dass man sich der Attraktivität der Gegend nur zu sehr bewusst ist und die Geldbörse bei einem Besuch prall gefüllt sein muss. In Genf geht es an den großspurigen internationalen Bauten für UNO und diverse diplomatische Vertretungen vorbei, die natürlich alle bewacht sind wie das Fort Knox. Dann komme ich in die Innenstadt und finde relativ rasch das Pfarramt der Kathedrale Notre Dame. Dort heißt mich eine sehr freundliche Vorarlbergerin willkommen, die mir aber nur den Stempel für den Pilgerpass und die Adresse der nächsten Buchhandlung bietet. Einen Tipp für eine Übernachtungsmöglichkeit kann oder will sie mir nicht geben. So gehe ich zuerst in die Buchhandlung und suche mir einen historischen Reißer und zwar in erster Linie nach der Anzahl der Seiten. Ich benötige die Literatur am Jakobsweg vor allem dazu, um nicht allzu früh einzuschlafen und dann nicht mitten in der Nacht aufzuwachen.
Bei dieser Gelegenheit muss ich festhalten, dass trotz der körperlichen Anstrengung erstaunlicherweise das Schlafbedürfnis stark vermindert ist. Vielleicht hängt das mit der permanenten Sauerstoffdusche zusammen, der man den ganzen Tag über ausgesetzt ist.
Aber zurück nach Genf: In der Touristeninformation versorgt man mich kiloweise mit Prospekten, aber sehr hilfreich sind sie nicht. Ich suche ein Quartier, das schon in Richtung Frankreich weist und preisgünstig ist. Das dürfte in dieser Stadt allerdings wirklich schwer zu finden sein. Ein Pilger hat mir später erzählt, er sei in Genf in die Jugendherberge gegangen und begeistert über die Größe und geringe Belegung gewesen. Aber nur bis 22 Uhr! Wie an allen Tagen wurden um diese Zeit die freien Plätze an Obdachlose vergeben. Ab diesem Zeitpunkt war es mit der Begeisterung vorbei und sowohl Gehör- wie auch Geruchsnerven kamen voll auf ihre Kosten.
So wandere ich weiter nach Carouge, dem katholischen Vorort des protestantischen Rom, wie Genf auch genannt wird. In Carouge lande ich nach der schon gewohnten Suche beim Dorfwirtshaus, das ein schönes Zimmer zu 150 Franken die Nacht anbietet. Quartiere dieser Kategorie hatte ich in der Touristeninformation noch von mir gewiesen, aber was bleibt mir jetzt schon anderes übrig?

Von Genf nach Le Puy (4. bis 13. April)

4. April: Das letzte Stück der Schweiz nimmt am nächsten Morgen noch eine gute Stunde in Anspruch, ich komme unter anderem bei der malerischen Komturei Compesières des Malteserordens vorbei. Kurz vor der Grenze hat man für uns Jakobspilger freundlicherweise einen Stand errichtet, wo Stempel und Informationsmaterial zum Gebrauch einladen. In Frankreich ist der Jakobsweg ident mit dem Weitwanderweg GR 65. Die Markierung ist vorbildlich. Bei Wegkreuzungen sind sogar die falschen Abbiegungen gesondert gekennzeichnet, sodass es schwer wird, sich zu verlaufen. Trotzdem schaffe ich es auch auf diesem Wegstück hin und wieder. Ich habe mich in Carouge nicht mehr mit Proviant eingedeckt, erstens, weil ich an keinem passenden Geschäft mehr vorbeigekommen bin, und zweitens, weil mir der neue Führer über die Via Gebennensis (Genf bis Le Puy) und die Via Podiensis (Le Puy bis zu den Pyrenäen) eine letzte Einkaufsmöglichkeit vor Frangy in dem Weiler La Forge verheißt. Bis Frangy sind es immerhin noch gute 30 km. Meine Freude über das neue Pilgerland bekommt einen Dämpfer, als ich in diesem Weiler das Geschäft geschlossen vorfinde. Nicht so schlimm, werde ich eben irgendwo einkehren, und ein paar Nüsse und ein Stück Käse habe ich ja auch noch. Der schöne Wanderweg über Hügel, durch Wälder und Wiesen stimmt mich

Landschaft in Hoch Savoyen

Burgruine von Chaumont

bald wieder versöhnlich, und das gute Mittagessen in einem erstklassigen Restaurant am Col du Mont-Sion versetzt mich geradezu in Hochstimmung. So wandere ich in der Nachmittagssonne weiter zum mittelalterlichen Dorf Chaumont. Es ist der Samstag vor dem Palmsonntag und so erhoffe ich mir auch heute Abend oder morgen Vormittag eine Messe in der zugehörigen Ortskirche. Der Jakobsweg scheint mir etwas umständlich und so wähle ich eine andere Strecke. Es wird schon spät und deshalb geize ich mit der Zeit und der Strecke. Doch wieder einmal – eigentlich sollte ich es langsam besser wissen – bemerke ich, dass ich in einer falschen Richtung unterwegs bin. Nach einem Rückweg, der mir nun weder Zeit noch Weg gespart hat, erreiche ich endlich die Kirche. Zu meiner Enttäuschung stelle ich fest, dass weder heute noch morgen in diesem kleinen Dorf eine Heilige Messe vorgesehen ist.

So beschließe ich, künftig zum Wochenende immer einen größeren Ort anzusteuern, denn eine Sonntagsmesse sollte einem Jakobspilger doch wohl vergönnt sein. Für heute fehlt mir die Lust, in diesem Dörfchen auch noch zu übernachten. Also marschiere ich weiter nach Frangy. Das ist ein etwas größerer Ort und als ich in dic Hauptstraße einbiege, komme ich gerade zur rechten Zeit zu der soeben vor der Kirche zu Ende gehenden Palmweihe. Das freut mich jetzt wieder und ich stelle mich dazu, als wäre ich schon immer dabei gewesen. Nach der Palmweihe geht es in die Kirche hinein zur Vorabendmesse und ich schäme mich etwas, weil ich an dem

vergangenen warmen Tag meine Hosenbeine abgezippt habe und jetzt als Einziger mit kurzen Hosen den Gottesdienst mitfeiere. Deshalb platziere ich mein Gepäck, die Stöcke und mich in der letzten Reihe. Während der Predigt des Priesters, von der ich ohnehin fast nichts verstehe, schleiche ich mich mit meinen Hosenbeinen in den Vorraum und komme als sittlich einwandfrei gekleideter Messbesucher zurück.
Nach der Heiligen Feier spreche ich einen anderen Hinterbänkler an, ob er mir ein Hotel in diesem Ort nennen könne, damit ich nicht lang suchen muss. Leider verstehe ich seine Antwort nicht ganz, aber ich bekomme mit, dass ich warten soll, er werde sich darum kümmern. Er berät sich mit seiner Frau und sie verfrachten mich in ihr Auto. Dann geht es aus dem Ort hinaus zu einem Campingplatz. Mir dämmert jetzt, dass in meinem Führer etwas von einem Quartier für Pilger auf diesem Platz steht und ergebe mich in mein Schicksal. Der Campingplatz ist dunkel, das Läuten hört niemand. Mein Freund aus der Hinterbank und seine liebe Gattin geben nicht auf. Sie fragen in der Nachbarschaft nach und tätigen Telefonanrufe. Schließlich, nach mindestens einer halben Stunde – meine Helfer sind schon ungeduldig, weil sie zu Hause erwartet werden – gelingt es, die Chefin, eine Art Mutter Courage des Campingplatzes, aus ihrem Häuschen herauszuläuten. Ich bekomme einen alten Wohnwagen zugewiesen.
Im Wageninneren ist alles da, was man so braucht. Ich fühle mich dennoch nicht heimelig, weil ich mich des Verdachts nicht erwehren kann, dass alles noch so ist, wie es die letzten Bewohner voriges Jahr hinterlassen haben. Ein Heizstrahler ist auch da, aber mein Vertrauen erweckt er nicht. Mir kommen Geschichten in den Sinn, dass Leute wegen defekter Heizungen nicht mehr aufgewacht sind. Ich gehe zum Gebäude, das den Waschraum beherbergt: Er ist eher eine überdimensionale Waschküche. Aber es gibt warmes Wasser und ich begnüge mich mit einer schnellen Dusche, denn die Luft ist bitterkalt. Im Wohnwagen verzehre ich das Stück Käse und die Nüsse, die sich noch finden. Dann packe ich meinen neuen Seidenschlafsack aus, der zwar sehr leicht, aber entsetzlich dünn ist. Ich ziehe deshalb alles an, was ich habe, dann hinein in den Schlafsack, darüber mit Respektabstand vom Gesicht die Bettdecken. So schlafe ich bald ein. Mitten in der Nacht werde ich wach, weil ich fürchterlich friere. Ich wische alle meine Bedenken beiseite und schalte den Heizstrahler nun doch ein. Er funktioniert sogar und verschafft mir noch ein paar Stunden guten Schlaf, aus dem ich gestärkt und erfreut wieder aufwache.

5. April: Ich gehe zum Wärterhäuschen, wo mich die freundliche Madame auf einen Kaffee einlädt. Sie teilt auch ihr Hörnchen mit mir und wartet mit Keksen auf. Trotz ihrer wirklich herzlichen Gastfreundschaft bin ich froh, wieder das Weite suchen zu können. Als ich in den Ort hineinwandere, um wieder auf den Jakobsweg zu gelangen, kommt mir im Auto der „Hinterbänkler" von gestern Abend entgegen, der mich hierher gebracht hat. Er hat für mich extra ein Milchbrot gekauft und kommt jetzt, um ihn mir zu bringen. Ich bin gerührt ob dieser außergewöhnlichen Hilfsbereitschaft. Ich nehme mir vor, nie wieder auf einem Campingplatz zu übernachten. Am Weg aus Frangy hinaus komme ich dann beim Hotel des Ortes vorbei. Später erzählt mir ein Pilger, dass es in diesem Haus nicht viel besser gewesen sei als in meinem Campingwagen.
Ein schöner Tag und ideales Wandergelände mit sanft gewellten Hügeln lassen mich die Unbilden der vergangenen Nacht bald vergessen. Frankreich ist sichtlich ein sehr hundefreundliches Land. Jeder Weiler, jedes Gehöft hat Hunde in den verschiedensten Größen und Rassen. „Rassen" dürfte nicht der richtige Ausdruck sein, Mischungen kommen da schon eher hin. Sehr oft verkläffen sie mich, als wäre ich ihr größter Feind.
Da ich immer noch nicht zum Einkaufen gekommen bin – heute ist ja Sonntag – gibt es als Mittagessen das Milchbrot, das ich in der Früh geschenkt bekommen habe, mit Käse und Radieschen. Gar keine schlech-

Rhoneschlucht bei Yenne

te Kreation! Die Krönung der Mittagspause ist allerdings ein Schläfchen, das ich direkt unter einem blühenden Busch halte. Nach vielen Hügeln komme ich ins Rhonetal, wo kleine Satellitenseen ein romantisches Flair zaubern.
Ich erreiche Chanaz, einen alten Verkehrsknotenpunkt für Wasserwege. Dieses Städtchen hat auch schon bessere Zeiten erlebt. In dem kleinen Gasthaus, wo ich ein dunkles und kaltes Zimmer beziehe, gibt es auch ein Abendessen. Dort treffe ich zwei Jakobspilger. Es sind Schweizer, mit denen ich mich endlich einmal von Pilger zu Pilger unterhalten kann. Das mit dem Jakobspilger scheint mir allerdings etwas übertrieben, denn sie sind nur eine Woche unterwegs und haben sich außerdem für das letzte Stück der heutigen Tagesetappe vom Wirt holen lassen. Aber nette Kerle sind es trotzdem und wir trinken ein Glas Wein zusammen.

6. April: Erstmals kann ich mit anderen Pilgern den Marschplan austauschen. Die Schweizer Kollegen wollen in das 31,5 km entfernte Saint-Maurice-de-Rotherens. Das ist mir zu wenig, ich will noch 9 km weiter bis ins Tal des Guier. Ich verabschiede mich also von den netten Schweizern und wandere über die Hügel Savoyens, vorbei an alten Mühlen und Burgen, mitten durch vielversprechende, jetzt aber kahle Weinberge. Kahl ist aber nur der Wein, denn viele Bäume und Büsche tragen schon ein zartes Weiß. Mein Jakobswegführer mahnt, nicht zum PGV (pellerin de grande vitesse, Pilger mit hoher Geschwindigkeit) zu verkommen. Das möchte ich auch bestimmt nicht, dennoch muss ich mir heute eine Ausnahme gönnen, sonst schaffe ich meine geplante Tagesetappe nicht. Ich bemühe mich also, ein flottes Marschtempo vorzulegen. Aber siehe da, meine Marschzeiten stimmen genau mit den Angaben auf den Wegweisern für die Wanderer überein. Also doch kein PGV! Das Unangenehme dabei ist nur, dass ich so sicher nicht bei Tageslicht an mein Ziel gelangen werde.
Als Nächstes wartet ein Berg, der Mont Tournier, stolze 877 m hoch. Von Yenne, das auf 270 m liegt, kommt doch ein nennenswerter Höhenunterschied zustande und die Sonne brennt ungewohnt heiß herunter. Als Erstes begrüßt mich auf diesem Berg eine leuchtend weiße Madonnenstatue, die das Land weit überschaut. Ich genieße die mediterrane Vegetation (in erster Linie ist es übermannsgroßer Buchs), den Bergweg und das warme Prachtwetter. Fest entschlossen, meinen Marschplan einzuhalten und endlich die Marschzeiten auf den Wegweisern zu widerlegen, ziehe ich mein

Blick auf Yenne beim Anstieg auf den Mont Tournier

Hemd aus und dahin geht's. Denn beim Bergauf bin ich als bergerfahrener Österreicher im Vorteil! Ich habe mich mittlerweile schon gut eingelaufen und bin mit meinen Fortschritten zufrieden. Einen kleinen Rückschlag erhalten die ausgeschütteten Morphine bei der Berghütte, wo man laut Führer an einem Wasserhahn nachtanken kann. Die „Berghütte" entpuppt sich als Unterstand und der Wasserhahn hat noch Wintersperre.
Das Mittagessen auf einem Baumstamm besteht wieder aus Milchbrot und Käse. Nach der kurzen Rast geht es weiter. Die Büsche sind durch Wald abgelöst worden, sodass die Tiefblicke auf die Rhone spärlich, aber reizvoll sind. Endlich neigen sich die Hänge wieder abwärts. Durch schöne Wiesen schlängelt sich der Weg ins Dörfchen Saint-Maurice-de-Rotherens, wo ich endlich wieder Wasser finde. Ich überhole zwei Wanderinnen mit einem Packpferd. Ich weiß nicht, wer von den Dreien müder ausschaut. Meine Zeit ist knapp und deswegen gehe ich weiter, ohne die zwei Damen oder ihren Vierbeiner anzusprechen. Endlich komme ich ins Tal – es ist sogar noch hell – und ich beziehe Quartier in einem recht feudalen Gasthaus, wo der Wirt mir Halbpension zu 70 Euro bietet. Das Abendessen – es gibt Gulasch – besteht aus einer Unmenge an Fleisch. Aber ich verschenke nichts und esse alles auf, es war schließlich ein langer, anstrengender Tag.

7. April: Nach dem Frühstück am nächsten Morgen verlangt der Wirt nun doch 80 Euro. Ich schätze meine Chancen bei einem Streitgespräch auf Französisch als wenig Erfolg versprechend ein und bezahle.
Beim Weiterweg begegnet mir ein Wanderer, ein Pariser Rechtsanwalt, der verzweifelt auf der Suche nach seinem Weggenossen, einem Schweizer ist. Ich komme zwar nicht mit, auf welche Weise er seinen Freund verloren hat, aber seine Sorge ist groß, weil er gesundheitliche Probleme des Schweizers befürchtet. Ein Telefon hat er absichtlich nicht auf seine Wanderung mitgenommen. So leihe ich ihm mein Handy und er ruft die Frau seines Freundes an, ob sich dieser bei ihr gemeldet hat. Das ist nicht der Fall und die Frau wird sich jetzt ebenfalls sorgen. Ich bekomme nach einigen Minuten mein Handy zurück und versuche erfolglos ein Quartier für die kommende Nacht zu reservieren. Die nächste Unterkunft soll es erst in La Frette geben. Insgesamt wären es dann 45 km für heute. Ich wollte mich eigentlich nicht wieder so „auspowern“, aber es hilft nichts! Ich nehme mir vor, von Grand Lemps den Bus oder Zug für die letzten 5 km zu nehmen und reserviere mir telefonisch nun doch ein Zimmer in La Frette. Die 40 km nach Le Grand Lemps verlaufen wenig spektakulär.
Ich erreiche es am späteren Nachmittag und schaue bei der Gendarmerie vorbei. Kann ja nichts schaden, dort einmal zu fragen, wie ich nach La Frette komme. Der freundliche Gendarm winkt sofort ab, es gibt weder Bus noch Bahn in den Nachbarort. Also bleibt nur ein Taxi, das mir der Freund und Helfer bestellt. Es ist allerdings gerade unterwegs und ich werde etwas warten müssen, sagt er mir. Dann verlangt er gleich einmal meinen Ausweis und verschwindet damit, um den Computer zu Rate zu ziehen. Wer weiß, vielleicht beschert ihm Kommissar Zufall einen fetten Fang. Etwas enttäuscht bringt er den Ausweis wieder zurück.
Mit mir wartet ein anderer Pilger oder Wanderer. Wir kommen ins Gespräch und ich merke, dass das der Vermisste ist, für dessen Suche ich in der Früh mein Handy hergeliehen habe. Mittlerweile haben ihn sowohl seine Frau und sein Freund telefonisch geortet und sie sind beide unterwegs, um ihn abzuholen. Seine Frau war so beunruhigt, dass sie von zu Hause, irgendwo in der französischen Schweiz, sofort aufgebrochen ist, um ihn zu holen. Sie ist jedenfalls schneller da als das Taxi und mit ihr der suchende Freund. Sie fahren einen schicken BMW und ich werde vom französischen Rechtsanwalt als Handyverleiher erkannt. Er bietet mir an, mich dahin zu bringen, wohin ich will. Aber das Taxi ist ja bereits bestellt.

Also verabschiede ich die nette Truppe und warte auf mein Taxi, das auch bald danach eintrifft. Die freundliche Taxibesitzerin macht mir müdem Jakobspilger mit 10 Euro einen Spezialpreis und ich bestelle gleich die Rückfahrt für morgen früh.
In La Frette komme ich nach Durchqueren eines unaufgeräumten Wohnraumes der Wirtsleute mit einem unappetitlichen zotteligen Hund gerade zum Essen zurecht, das drei anderen Gästen von der Frau des Hauses serviert wird. Siehe da, es sind drei bayrische Pilger, die ebenso wie ich am 3. März von zu Hause aufgebrochen sind. In das – laut Führer – neu renovierte Haus hat man einfach auf den Putz elektrische Leitungen verlegt. Sonst ist es kalt und ungemütlich in dem riesengroßen Zimmer. Nach dem Dusch- und Wäschewasch-Pflichtritual im ebenso ungemütlichen Bad einen Stock tiefer ziehe ich mich gleich ins Bett zurück.

8. April: Um 6 Uhr früh weckt mich vor meinem Fenster ein Hahn, der seinen Schrei alle 20 Sekunden gellend zu Gehör bringt. An Schlaf ist nicht mehr zu denken.
Beim Frühstück versteht eine Pilgerkollegin nicht, dass ich mich noch einmal 5 km zurückfahren lasse. Aber ich möchte, wie gesagt, die ganze Strecke und nicht nur einen Teil zu Fuß zurücklegen. Ich starte also nach der morgendlichen Taxifahrt in Le Grand Lemps. Den Vormittag geht es ganz nett – aber auch nicht aufregend – weiter nach Cote St. André, die Heimatstadt des Komponisten Hector Berlioz. Ich suche ein Lokal zum Mittagessen. Das Chinarestaurant am Marktplatz zieht mich nicht recht an, also gehe ich in das *Hôtel de France*. Drinnen bemerke ich, dass ich wohl eine Stufe zu weit hinauf gestiegen bin: Lauter gut gewandete Damen und Herren, die sich sehr fein benehmen. Die Preise sind dem Niveau angemessen. Ich bin aber zu stolz, um jetzt wieder zu gehen. Also bestelle ich das Menü und treffe zielsicher meine Auswahl: Foie gras, das kommt mir bekannt vor. Erst als die Speise aufgetragen wird, merke ich, dass ich Gänseleber bestellt habe. Leber mag ich nicht und Gänseleber ist für mich – wegen des brutalen Umgangs mit den Tieren – sowieso immer verpönt gewesen. Jetzt esse ich meine Gänseleber und siehe da, sie schmeckt wirklich sehr gut. So richtig genießen kann ich das Feinschmeckeressen aber doch nicht, als Pilger in der Fastenzeit komme ich mir etwas entgleist vor.
Kurz nach dem Losgehen gelange ich an eine größere Weide, wo mich ein Esel neugierig mustert. Ich pflücke einen fetten Sauerampfer längs des We-

Weide in Savoyen

ges und reiche ihn dem Esel. Der ist sichtlich begeistert. Er zieht mir nach, ich außerhalb, er innerhalb des Zauns. Ein paar Mal bekommt er noch etwas, dann ist die Weide zu Ende. Der Esel schreit mir noch lange ganz erbärmlich nach. Gerne hätte ich ihn als Weggefährten mitgenommen.

Beim Weitergehen hole ich eine Jakobspilgerin ein, die im Zeitlupentempo einen Schritt vor den anderen setzt. Ich frage sie, ob es Probleme gibt, denn so langsame Pilger sind mir noch nicht untergekommen: „Nein, nein“, ist die Antwort (auf Französisch), „es ist alles in Ordnung“. Also gehe ich weiter. Nach rund 15 Minuten überholt sie mich, dabei zähle ich mich nicht zu den Langsamgehern. Ein Check des Weges an einer Kreuzung gibt mir die Gelegenheit, sie wieder einzuholen und so frage ich sie nach dem Woher, Wohin und ihrem originellen Marschtempo. Es ist eine junge Schweizerin aus Neuchâtel, die auch den Küstenweg nach Santiago gehen möchte. Sie wird sich aber bis Ende Juli Zeit lassen und die Phasen des Langsamgehens dienen der Sammlung, oder so ähnlich. Bei meinem Französisch bin ich doch immer auf Kreativität angewiesen für die Passagen, die ich nicht verstanden habe. Im Etappenort, Revel Tourdan, trennen sich unsere Wege. Sie kommt privat unter und ich wandere zur einzigen Übernachtungsadresse, die mein Führer kennt. Es ist eine Bar, in der auch ein paar Zimmer vermietet werden. Obwohl Ruhetag ist nimmt man mich auf. Eine junge Dame zeigt mir das Zimmer. Die bunte Bettwäsche darin ist aber ordentlich zerwühlt, vermutlich soll niemand auf die Idee kommen, sie sei frisch. Warmwasser gibt es auch keines mehr. Beim Abendessen sehe ich, warum das Warmwasser alle ist: Es sind noch drei weitere Pilger da. Andrea, ein junges Mädchen aus Zürich, ein älterer Deutscher und ein Deutschschweizer. Wir tauschen Erfahrungen aus. Meine Mitpilger haben sich zufällig getroffen und zu einem Team vereint. Mit Tagesetappen von rund 20 km und dazwischen Rasten in gemütlichen Lokalen scheinen sie das Pilgern sehr zu genießen und keine Veranlassung zu sehen, wieder allzu rasch zu Hause zu sein. Ich hingegen denke schon häufiger mit etwas Wehmut an daheim und meine Familie.

9. April: Es schläft sich auch in gebrauchter Bettwäsche ganz gut. Nach dem Frühstück treffe ich meine Mitpilger noch einmal beim Bäcker, wo wir uns mit Proviant für den Tag eindecken. Aber dann verabschiede ich mich – so gemütlich wie meine Pilgerkollegen will ich es nicht angehen. Ich will ja nicht länger als unbedingt nötig von zu Hause wegbleiben. Es ist wieder einmal ein prachtvoller Tag. Über einen ausgedehnten, bewaldeten Hügel, vorbei an stillen Weihern geht es erneut in das Rhonetal hinunter. Unangenehm ist allerdings ein Magengrimmen, das mich seit heute begleitet. War möglicherweise nicht nur die Bettwäsche im letzten Quartier ein wenig schmuddelig?
In ausgedehnten Pfirsich- und Kirschplantagen umwolken mich duftige Blütenträume. Weniger idyllisch – wenn auch sicher strahlend – ist dann das Atomkraftwerk anzusehen, dessen Anblick mich vor Überschreiten der Rhone erwartet. Ein Schild am Wegesrand weist mich auf eine neue Gite (= Herberge) in Chavanay, meinem Zielort für heute, hin. Es wird sogar mit Kenntnis der deutschen Sprache geworben. Warum also nicht?
Der Herbergswirt empfängt mich freundlich. Er ist passionierter Radfahrer und hat den Jakobsweg schon per Mountainbike hinter sich gebracht. Das mit den Deutschkenntnissen lässt sich aber nicht verifizieren. Er kassiert 5 Euro für die Übernachtung. Dafür erhalte ich Einweg-Bettwäsche und werde in den gut gefüllten Kühlschrank eingewiesen. Er empfiehlt mir noch ein Restaurant und verrät mir den Nummerncode für die Tür. Nach der Körper- und Wäschepflege kann ich die nassen Sachen sogar noch in der Abendsonne aufhängen.
So schön die Herberge ausgestattet ist, alleine ist es doch ein bisschen einsam. Es bleibt mir nur ein weiteres Kapitel in meinem historischen Roman vor dem Einschlafen.

Blick auf Chavanay an der Rhone

10. April, Karfreitag: Am Morgen kann ich endlich einmal früh starten. Zum Frühstück bediene ich mich aus der reichhaltig ausgestatteten Küche. Danach geht es in der frischen Morgenluft den Hügel hinan. Das noch im Morgenschlummer dahindösende Städtchen Chavanay und die prachtvoll blühenden Bäume lassen mich immer wieder einen Blick zurückwerfen. Das Wetter ist heute wieder schön, aber ein starker Wind macht mich frösteln und kündigt nichts Gutes an. Mein Magengrimmen hat sich gebessert, aber weg ist es nicht. Lästig ist auch ein Ausschlag am Rücken, der ordentlich juckt. Durch Weinberge, Obstgärten und Weiden schraubt sich der Weg immer höher in den Naturpark des Massif du Pilat hinein.
Ich habe vom Vortag noch ein Thunfischbaguette im Rucksack, das sich dann als Camembertbrötchen entpuppt. Ich habe wohl wieder einmal etwas falsch verstanden. Vor der obligaten Mittagspause möchte ich gerne noch etwas im nächsten Ort, Saint-Julien-Molin-Molette, einkaufen. Aber das Städtchen will und will nicht auftauchen, vielleicht gehe ich heute zu langsam. Um 12.30 Uhr komme ich dann doch an, aber da hat natürlich schon alles geschlossen. Aber heute ist ohnehin Karfreitag und so esse ich auf einer Anhöhe mein mutiertes Camembertbaguette und gönne mir ein Mittagsschläfchen in einer windgeschützten Mulde. Für 15 Uhr steuere ich den nächsten größeren Ort, Bourg Argental, an. Vielleicht schaffe ich es hier rechtzeitig zu einer Karfreitagsliturgie? Die Zeit passt und in der Kirche versammeln sich auch Gläubige. So setze ich meinen Rucksack und

Massif du Pilat

die beiden Stöcke neben mich und warte auf den Beginn. Der ist jedoch enttäuschend! Denn es wird ein Wortgottesdienst gehalten, den ich nicht verstehe. Bei der Karfreitagsliturgie wäre mir doch vieles bekannt vorgekommen. Also ziehe ich nach wenigen Anstandsminuten aus der Kirche aus und decke mich mit Proviant für den nächsten Tag ein, denn es wartet eine Bergetappe auf mich. Weiter geht es zu einer alten aufgelassenen Bahntrasse und längere Zeit – ein wenig langweilig – an dieser entlang bis Gare de St. Saveur de Rue, wo sich früher ein Bahnhof befunden hat. Dort habe ich eine Herberge ausfindig gemacht und schon telefonisch einen Platz reserviert. Die Herbergsleute sind mittleren Alters, nett und recht geschäftstüchtig. Sie vertreiben auf ihrem Hof allerlei Erzeugnisse, darunter auch Fleisch. Deshalb habe ich bei meiner Frage nach einem Abendessen gleich hinzugesetzt, heute kein Fleisch zu essen. Auf die Frage, ob ich denn Vegetarier sei, verweise ich auf den heutigen Karfreitag. Das findet Verständnis. Es wird daher Fisch geben. In einem Hausteil mit gesondertem Eingang sind zwei nette kleine Zimmer sowie ein Aufenthaltsraum, Küche und Bad untergebracht. Ich bin auch heute wieder alleine und richte mich gemütlich ein. Zur vereinbarten Essenszeit klopfe ich von außen an der Küche, erhalte Einlass und sehe der Hausfrau beim Kochen zu, denn sie hat sich mit der Zeit etwas verschätzt. Es gibt dann eine gute Suppe aus dem Vielerlei des Gemüsegartens. Der Herr des Hauses hat extra für mich den Fisch besorgt und so essen wir gemütlich zu dritt. Den angebotenen

Tischwein lehne ich ab, irgendwo muss ich ja heute doch eine gewisse Enthaltsamkeit leben. Die Konversation ist aufgrund meiner Sprachkenntnisse etwas mühsam, aber meine Gastgeber schaffen es doch, alles über mein Woher, Wohin und meine Familie aus mir herauszubringen. Nach diesem netten Abend fällt mir der Rückzug in den einsamen Herbergsteil und mein Zimmer doch leichter.

11. April, Karsamstag: Das Wetter hat sich eingetrübt. Es geht vorerst auf der aufgelassenen Bahntrasse, später auf eintönigen Forststraßen immer höher in das Massif du Pilat. Das Magengrimmen ist immer noch zu spüren und auch der Rücken weckt kein Entzücken. Vor und nach dem höchsten Punkt auf 1200 m heißt es auch wieder Schneestapfen und den durch Schneedruck und Sturm aufgeschichteten Holzbarrieren auszuweichen. Aussicht gibt es mitten im Hochwald keine. Eine halbe Stunde nach dem höchsten Punkt beginnt sich die Landschaft zu öffnen.
Almwiesen, die ihr winterliches Braun mit zarter Krokusblüte und dem ersten Grün auflockern, begleiten mich. Immer wieder muss man einen sanften Hügel hinauf und wieder herunter.
Unterwegs finde ich eine Tafel mit Jesaja 14,31:

Die aber, die dem Herrn vertrauen, schöpfen neue Kraft, sie bekommen Flügel wie Adler. Sie laufen und werden nicht müde, sie gehen und werden nicht matt.

Ich freue mich über diesen Text, denn er entspricht meiner eigenen Erfahrung. Es ist erstaunlich, welche Energien der Pilgerweg jeden Tag neu freisetzt. Ich gebe zu, meine Energietabletten (Mineralstoffe, kein Doping!) mögen auch eine kleine Rolle spielen, aber wahr ist es doch!
Der nächste größere Ort ist Montfaucon-en-Velay. Es begegnen mir Pilger, die dort gerade einen Ruhetag einlegen. Ich möchte aber noch weitergehen, daher tauschen wir nur wenige Worte aus. In der Chapelle Notre Dame ist ein Zyklus von zwölf Tafeln mit religiösen Motiven des flämischen Malers Abel Grimmer ausgestellt. Während es draußen zu regnen beginnt, lasse ich mich von der Kunst und Glaubenskraft der Gemälde beeindrucken. Dann mache ich mich wieder auf den Weg in das 10 km entfernte Städtchen Tence. In einem Wassergraben auf freiem Feld verabschiedet sich mein Bauchgrimmen mit einem Donnerschlag. Näheres zu schildern, verbietet mir mein Schamgefühl. Meine Erschöpfung ist aber

doch so groß, dass ich mich wenige Kilometer vor Tence ins Moos eines Wäldchens legen muss, um wieder zu Kräften zu kommen. Dass es dabei regnet, stört mich nicht wirklich.
Tence ist ein nettes kleines Städtchen, das sich eng von der Natur umarmen lässt. Ich schleppe mich in den Ort und beziehe dort ein bescheidenes Zimmer in einem einfachen Hotel, das vom Führer empfohlen wird. Heute gibt es vorerst kein Reinlichkeitsritual für Körper und Wäsche, ich muss mich zuerst hinlegen. Bis zum Abendessen komme ich wieder zu Kräften. Zwei andere Pilger sitzen am Nebentisch und wir kommen ins Gespräch. Esther wohnt in der Nähe von Genf und spricht recht gut Deutsch. Michel ist jünger und kommt aus Frankreich. Sie haben sich zufällig getroffen und gehen ein Stück des Jakobsweges in Frankreich gemeinsam. Die Fortsetzung wird erst nächstes Jahr erfolgen. Zum Essen gibt es Suppe und eine kalte Platte. Ich nehme an, dass es sich dabei um die Hauptspeise handelt und räume meine Platte fast ab. Dann wird aber auf einmal die richtige Hauptspeise, Hühnchen mit Reis, aufgetragen. Auch die Nachspeise, die ersten Erdbeeren mit Schlag, sind nicht wirklich abzulehnen. Ich bin mir zwar nicht sicher, ob ich das nach meiner gerade überstandenen Magen-Darm-Infektion überhaupt vertragen werde, aber einen Versuch ist es wert! Bald nach dem Essen gehen wir in die Kirche des Ortes, wo der Auferstehungsgottesdienst als Jugendmesse gestaltet wird. Glücklicherweise bin ich früher dran und so ergattere ich noch einen Sitzplatz, denn das

Tence

Gedränge ist groß. Nach den Strapazen des Tages und der schweren Kugel, die ich seit dem Abendessen vorne mit mir herum trage, wäre das Stehen nur schwer zu ertragen gewesen. Die Liedtexte sind einfach und daher auch für mich gut mitzusingen und von der Predigt verstehe ich sogar das Wesentliche. Etwas wehmütig ist mir trotzdem in der Herzgegend, wenn ich an die Auferstehungsfeiern im Kreis der Familie denke, bei denen ich heuer erstmals und – wie ich hoffe – auch letztmals fehle. Im Hotel genieße ich dann noch das Vierterl Rotwein, das ich mir vom Abendessen aufgespart habe. Gar keine so üble Osternacht allein in der Fremde!

12. April, Ostersonntag: Am Morgen stelle ich mit Erleichterung fest, dass ich das Abendessen gut überstanden habe. Mein Magengrimmen hat sich endgültig beruhigt. Der juckende Rücken ist allerdings geblieben. Ich nehme an, es ist der Schweiß und die Reibung des Rucksacks. So schnell werde ich das wohl nicht mehr loswerden.

Zum Oster-Frühstück gibt es vier alte Brötchen und Marmelade. Dafür ist der Wirt ein echter Pilgerfreund und verlangt nur 30 Euro für alles, inklusive Wein und Kaffee. Das Wetter mit Dauerregen lädt nicht zu einem Osterspaziergang ein, aber in dem schon etwas abgewohnten Hotel zu bleiben, ist auch nicht verlockend. Also geht es mit etwas wackligen Beinen weiter. Ultreia … weiter, immer weiter, heißt der uralte Pilgergruß und auch ein Lied der Jakobspilger.

Nach 8 km komme ich zur Kirche von Saint Jeures, wo ich in die Ostermesse hineinplatze und mich als regenbewehrtes Ungetüm sehr deutlich von den anderen gut gekleideten Messbesuchern abhebe. Anschließend geht es weiter bergauf zum höchsten Punkt der Via Gebennensis auf 1276 m im Massif du Meygal. Zu sehen ist nichts, nur Nebelschwaden und grau-braune Umgebung, in die sich immer wieder das Weiß von Schneeflecken und Krokussen hineinmischt. Die vom Führer in Aussicht gestellten Ruinen und Basaltorgeln bleiben im Gewölk verborgen.

Kurz vor meinem Etappenziel Saint-Julien-Chapteuil hole ich Esther und Michel, meine Pilgerfreunde von gestern Abend, ein. Esther humpelt mit ihrem Wanderstock aufgrund eines lädierten Fußes sehr zum Erbarmen daher. Auf meine Frage, wo sie nächtigen werden, antwortet Esther, sie hätten bei einem chambre d'hotes reserviert. Das sind Private, die ein Zimmer vermieten. Von denen ist in meinem Führer keine Rede. Ich lerne, dass es für den Französischen Jakobsweg einen Führer namens *„Miam, Miam,*

Dodo" gibt, in dem neben Essen, Trinken und Nächtigungsmöglichkeiten auch sehr anschauliche Wegskizzen enthalten sind. *„Miam, Miam, Dodo"* soll in der Babysprache, die angeblich international gültig ist, essen und trinken bedeuten. Ich nehme mir vor, bei nächster Gelegenheit dieses Büchlein zu besorgen, denn in meinem Führer steht wirklich nur das Notwendigste. Esther und Michel bieten mir an, mich gleich in das private Quartier mitzunehmen. Ich freue mich darüber und hänge mich bei ihnen an. So erreichen wir das nächste Städtchen Saint-Julien-Chapteuil. Der Nachmittag gibt noch etwas her und so erkunde ich den Ort. Die Kirche ist aus dem 12., Teile davon sogar aus dem 8. Jahrhundert. Es ist zwar alles düster und karg ausgestattet, aber doch sehr beeindruckend.
Schmale Gässchen, gepflastert mit runden Flusssteinen, führen zur Kirche hinauf und auf der anderen Seite wieder herunter. Ich erkunde auch die Lokalszene und komme auf immerhin drei Restaurants. Zurückgekehrt ins Quartier kann ich daher den Berater spielen, wo wir heute abendessen sollten. Es wird dann das einfache Restaurant, das eher eine Pizzeria ist, wo wir aber einen sehr gemütlichen Abend zu dritt verbringen. Die Nacht ist weniger gemütlich, denn Michel ist ein Schnarcher und Esther höre ich sogar durch zwei Wände hindurch sägen. Meine Ohrenstöpsel bieten hier eher geringen Schutz.

13. April, Ostermontag: Das Frühstück bei unserer Gastgeberin ist – wie fast immer bei Privaten – reichhaltiger als im Gasthaus, der Preis mit 20 Euro für die herrschenden Verhältnisse aber recht hoch bemessen.
Wir besuchen noch zu dritt die Frühmesse, die nicht in der Kirche, sondern in einem schwer zu findenden Nebengebäude in einem kahlen Raum und im kleinsten Kreis gefeiert wird. In Frankreich ist der Ostermontag kein Feiertag. Ich verabschiede mich von Esther und Michel, die aufgrund von Esthers Gehbehinderung langsamer sein werden. Für heute steht eine kurze Etappe auf dem Programm, denn am Nachmittag möchte ich mir Le Puy ansehen. Das Wetter ist grau, die Strecke kann mich nicht besonders faszinieren. Die letzten Kilometer vor Le Puy-en-Velay sind noch dazu schlecht gekennzeichnet. Da ich mir einfach nicht vorstellen kann, dass es so lange die Hauptstraße entlang geht, versuche ich zweimal, in ein daneben liegendes Tal auszubrechen. Jedes Mal stolpere ich den steilen Hang hinunter und dann wieder hinauf. Denn da unten gibt es tatsächlich keinen Weg.

Le Puy-en-Velay

Le Puy, das ich schließlich doch erreiche, ist die Zentrale des Jakobsweges in Frankreich schlechthin. Hier laufen seit tausend Jahren die unterschiedlichen Äste des Weges zusammen. Im Mittelalter haben sich die Pilger zu Gruppen gesammelt, um gemeinsam besser den Gefahren, vor allem der Bedrohung durch Räuber und Diebe, trotzen zu können. Auch heute beginnen viele Pilger den Jakobsweg in Le Puy. In der Kathedrale findet jeden Morgen um 7 Uhr der Pilgergottesdienst statt, in dem die Pilger gesegnet und verabschiedet werden, wenn es seine Zeit ermöglicht, sogar vom zuständigen Diözesanbischof.

Der Ortskern von Le Puy versetzt mich ins Mittelalter: Die aus dem 11. und 12. Jahrhundert stammende Kathedrale, von der UNESCO zum Weltkulturerbe ernannt, weist romanische, byzantinische und arabische Stilelemente auf. In ihr wird die schwarze Madonna verehrt, die vom heiligen Ludwig von einem Kreuzzug aus Ägypten mitgebracht worden ist. Jetzt gibt es nur mehr eine Nachbildung, weil das Original in der französischen Revolution verbrannt wurde. Das hat die Attraktivität als Marien-Wallfahrtsort aber kaum beeinträchtigt.

Das Stadtbild von Le Puy ist geprägt von zwei schroff aufragenden Basaltspitzen aus Lava. Auf der schmäleren, fast senkrecht aufragenden Nadel thront Saint-Michel-d'Aiguilhe, eine Kirche, die vom ersten bischöflichen Jakobspilger als Dank für die gute Wallfahrt im 12. Jahrhundert in Auftrag gegeben wurde. Auf der anderen Basaltnadel, direkt über der Kathedrale, überragt eine 22 m hohe Marienstatue, die im zweiten Kaiserreich aus russischen Kanonen gegossen wurde, die Stadt. Es ist erstaunlich, dass diese prachtvolle Stadt in unseren Breiten so wenig bekannt ist.

Da ich von der letzten Nacht noch schnarch-geschädigt bin, möchte ich heute Nacht wieder in einem Hotel schlafen. Das preisgünstigste ist nach meinen Recherchen das *ETAP Hotel* direkt gegenüber dem Bahnhof. Bei meiner Ankunft zu Mittag schaue ich gleich hin, um meinen Rucksack im Zimmer zu deponieren. Dann kann ich mir unbelastet ein gutes Mittagessen gönnen und anschließend die Stadt besichtigen. Ich komme zum Hotel und sehe, dass dieses erst um 16 Uhr öffnet. Also behalte ich meinen Rucksack am Rücken und gehe erst einmal essen. Dann steige ich hinauf zur Marienstatue und genieße den wunderschönen Blick auf die Stadt und die benachbarte Basaltnadel des Saint Michel. Anschließend durchstreife ich die tiefen Gemäuer der Kathedrale und halte eine kleine Andacht vor der schwarzen Madonna. Ich möchte gerne auch in das Pilgerbüro schauen, um den Führer *„Miam, Miam, Dodo"* und einen zweiten Pilgerpass zu erwerben, denn mit meinem ersten werde ich aufgrund der vielen

Altstadt von Le Puy

Nächtigungen nicht auskommen. Vor der Kathedrale ist ein Schild, wo Pilger aufgefordert werden, ab 17.45 Uhr vorbeizukommen. Ich gehe davon aus, dass es sich um das Pilgerbüro handelt. Es ist aber erst 16 Uhr, also steuere ich vorerst wieder das Hotel beim Bahnhof an. Vor der Kathedrale treffe ich Esther und Michel. Esther humpelt erbarmungswürdig. Die beiden werden morgen einen Ruhetag einlegen. Ich verabschiede mich also ein letztes Mal von ihnen und gehe zu dem Hotel gegenüber dem Bahnhof. Dort komme ich drauf, dass es ein Personalsparhotel ist und es keine Rezeption oder einen Portier gibt. Man muss sich draußen bei einem Bildschirm, ähnlich wie bei einem Bankomaten, ein Zimmer reservieren und es gleich mit Kreditkarte bezahlen. Ich klinke mich also in den Bildschirm ein und schiebe nach Aufforderung meine Mastercard hinein. Es geht nicht und ich beginne wieder von vorne. Wieder nicht! Noch einmal, mit dem Effekt, dass meine Karte nicht mehr herauskommt. Mich befällt leichte Panik, denn es ist – wie gesagt – kein Personal da. Unter der Telefonnummer des Hotels läuft ein Tonband. Was soll ich jetzt tun?
Gnädigerweise spuckt der Automat nach einigen Minuten meine Karte wieder aus. Ich habe genug vom personallosen Hotel und wende mich erleichtert, aber auch mit Grausen, ab.
In der Nähe der Altstadt finde ich durch Nachschlagen in meinem Führer ein akzeptables Zwei-Sterne-Hotel. Jetzt werde ich endlich meinen Rucksack los und mache mich frisch. Ich breche vom Hotel so auf, dass ich um 17.45 Uhr pünktlich zur Eröffnung im Pilgerbüro bin. Dort wartet schon ein anderer Pilger. Es rührt sich trotz wiederholtem Klingeln nichts. Nach längerem Warten wird endlich das große Tor geöffnet und wir treten ein. Es geht durch einen riesigen Speisesaal, in dem schon für das Abendessen von zig Personen gedeckt ist, bis zu einem Büro. Ich warte geduldig, bis mein Vorgänger abgefertigt ist. Mir dämmert, dass ich in einer riesigen Herberge (Le Relais Notre Dame) gelandet bin. So reichen auch wenige Worte mit der diensthabenden Madame, um endgültig zu begreifen, dass ich nicht im Pilgerbüro bin. Da ich kein Bett will, verweist sie mich zum Pilgerbüro in die Kathedrale. Dort haben sie um 18 Uhr gerade zugesperrt. Ich bin sehr sauer über meine Schlamperei. Denn in meinem Führer steht alles genau drinnen, auch, dass das Pilgerbüro in der Kathedrale am Morgen erst um 10 Uhr öffnet. Das heißt, dass ich morgen erst nach 10 Uhr starten kann. Schwer beleidigt auf mich selbst ziehe ich mich ins Hotel zurück.

Kreuzgang der Kathedrale von Le Puy

Von Le Puy nach Moissac (14. bis 25. April)

14. April: Gleich nach dem Aufstehen mache ich mich auf zur Pilgermesse in der Kathedrale um 7 Uhr. Der Bischof selbst gibt mir und etwa 20 anderen Pilgern die Ehre und feiert mit uns. Eine junge, hübsche Klosterschwester schafft mit ihrem engelsgleichen Gesang eine faszinierende Atmosphäre. Jeder Pilger hat die Möglichkeit, seine Anliegen auf ein Blatt Papier zu schreiben, die dann in einem Korb gesammelt werden. Ich notiere meine Bitte um Barmherzigkeit für meinen im Koma liegenden Schwager. Jeder Pilger zieht dann aus dem Korb einen der Zettel und nimmt ihn nach Santiago mit, natürlich nicht nur körperlich, sondern auch geistig durch Einschließen dieses Anliegens ins persönliche Pilgergebet. Anschließend erteilt der Bischof den Pilgersegen und verabschiedet jeden persönlich. Auch mit mir spricht dieser beeindruckende Mann ein paar Worte in gutem Deutsch, nachdem er erfragt hat, dass ich aus Salzburg komme. Dann treten wir alle vor die schwarze Madonna auf dem Hochaltar und singen das Salve Regina. Dabei berührt der Herr das erste Mal auf dieser Wallfahrt in besonderer Weise mein Herz.

Anschließend sperrt die hübsche Schwester das Pilgerbüro auf und ich decke mich mit Stempel, einem zweiten Pilgerpass, dem *„Miam, Miam, Dodo"* und zwei Übersichtskarten ein. Ich muss also nicht bis 10 Uhr war-

ten. In absoluter Hochstimmung gehe ich ins Hotel zurück, um zu frühstücken. Dann wandere ich noch auf den Mont St. Michel, bestaune die tausend Jahre alte Kirche und genieße die Aussicht auf Le Puy. Eine faszinierende Stadt, die ich gerne noch einmal besuchen möchte!
Ich kehre zurück in die Gasse, entlang derer der Jakobsweg aus der Stadt führt. Auf einem Wegweiser steht, dass es noch 1511 km nach Santiago sind. Für mich werden es mehr sein, weil allein die geplante Abzweigung zum Atlantik, wo der Camino norte beginnt, zusätzliche 100 bis 120 km bedeutet. 1118 km bin ich bis hierher schon gegangen. Ich werde also insgesamt gute 2700 km gehen müssen. Die Erkenntnis trifft mich doch unvermutet heftig, denn aufgrund des Guide Michelin hatte ich zu Hause noch mit rund 2400 km gerechnet. Das wäre die Distanz mit dem Auto. Aber was sind schon 300 km zu Fuß!
Die Schar der Pilger und Wanderer vervielfacht sich gegenüber der Via Gebenennsis. Vor Le Puy habe ich noch fast jeden und jede, die einem Pilger ähnelten, angesprochen. Jetzt sind es mir zu viele geworden. Das Wetter ist schön und meine Mittagspause halte ich auf einer freien Wiese in der Nähe der Weiler Liac und Lic, die aber vor allem wegen ihrer Namen bemerkenswert sind. Der Weg durch das Velay, ein erloschenes Vulkangebiet, ist abwechslungsreich und führt immer wieder an Bauten vorbei, die sicher interessante Geschichten aus lange vergangenen Zeiten erzählen könnten. Schön langsam geht es abwärts zur Schlucht, die sich der Fluss Allier gegraben hat. Ich komme zu meinem Etappenziel Monistrol-d'Allier. Ein altes Elektrizitätswerk aus dem Jahr 1926 gibt diesem kleinen Ort einen Hauch von Industrieromantik. In einem Gasthaus, einer ehemaligen Brauerei, bekomme ich zwei riesige Zimmer zugewiesen und dazu eine einfache Halbpension zu angemessenem Preis (37 Euro). Es befinden sich noch andere Wanderer oder Pilger im Haus, aber es scheint niemand an einem Schwätzchen interessiert zu sein.

15. April: Heute habe ich eine Monsteretappe vor mir. Ein annehmbares Quartier gäbe es im 12 km entfernten Saugues. Das ist mir aber zu kurz. Dann geht es über die Berge und der erste größere Ort, Saint-Alban-sur-Limagnole, kommt erst 31,5 km nach Saugues. Also heißt es wieder einmal die Beine in die Hand nehmen. Es geht gleich einmal 450 Höhenmeter hinauf in den Gebirgszug der Margeride. Das ist jetzt nicht mehr vulkanisches Land, sondern harter, grauer Granit. So ist auch die Landschaft

verändert: karg, ärmlich und einsam. Dazu kommt ein eisig kalter Wind, der nur den Vorteil hat, dass man nicht ins Trödeln verfällt und zu viele Rastpausen einlegt. Entlang einer Weide kommt mir ein Traktor mit hohem Tempo entgegen. Ein kleiner Hund läuft seinem Herrchen hinterher. Wie das Hündchen bei mir vorbeiläuft, macht es plötzlich kehrt, schnappt nach meiner Ferse und weg ist es wieder. Meine Ferse ist mit dem Wanderschuh bewehrt, sodass ich keinen Schaden nehme. Aber das Sprichwort „Bellende Hunde beißen nicht“ scheint sich auch vom Gegenteil her zu bestätigen. Wie viele Hunde haben mich bis hierher schon angebellt, aber nicht gebissen. Dieser hat kein einziges Mal gekläfft.
Ich komme in den zentralen Ort dieses Hochlandes, Saugues. Man würde gar nicht vermuten, dass es in dieser kargen, einsamen Gegend einen solchen Ort gibt. Ich beschließe, mir ein zweites Frühstück zu gönnen, und betrete eine Bar, denn nach einer Jause im Freien steht mir bei dem kalten Wind nicht der Sinn. Dann decke ich mich für den zu erwartenden langen Nachmittag im nächsten Geschäft mit Proviant ein. Beim Ortsausgang grüßt mich eine überlebensgroße Karikatur eines Jakobspilgers, dessen stummer Schrei erschreckt.
Dann geht es weiter über die Hochflächen zwischen 1000 und 1300 m Seehöhe. Es ist schönes Gelände zum Wandern auf Feldwegen und kleinen Sträßchen, hin und wieder auch auf Asphalt, vorbei an Weilern, Bächen, Wiesen und Wäldern. Ich passiere eine Herberge, in der sich auch schon ein paar Pilger niedergelassen haben. Das kleine Haus aus Natursteinen wirkt aber eher wie ein Viehunterstand. Mit einer Heizung darf man hier wohl auch nicht rechnen. Da wandere ich lieber weiter. Genauso ergeht es mir mit dem Gehöft kurz nach dem Scheitelpunkt der Etappe auf 1300 m Seehöhe. Dieser Gebäudekomplex wurde im 13. Jahrhundert von den Templern auf einer Hochfläche, so wie bei uns eine Alm, nur wesentlich größer, erbaut. In meinem Führer ist die Herberge in diesem altehrwürdigen Gehöft als Gite mit sehr viel Atmosphäre beschrieben. Das ist absolut glaubhaft, nur steht mir bei diesem kalten, windigen Wetter danach nicht der Sinn. Ich beschließe daher, von meinen Plänen, bis St. Alban zu gehen, nicht abzuweichen. Es schaut nach Regen aus und ich schiebe die längst fällige Pause hinaus, um möglichst lange von der Nässe verschont zu bleiben. Die Kälte und der Wind sind mir schon genug.
Gerade bewundere ich noch die Wiesen, die mit Krokussen und Narzissen veredelt sind, da beginnt es zu prasseln. Ich flüchte mich in den nahe

gelegenen Wald und packe auf einem Baumstamm meine Jause aus. Wirklich gemütlich ist anders, aber ich will meinem Körper doch ein paar Kalorien gönnen. Danach ziehe ich im Regen weiter hinunter. Ultreia … weiter, immer weiter. Nach fast 44 km und 1340 Höhenmetern erreiche ich St. Alban sur Limagnole. Die psychiatrische Klinik am Ortsrand lasse ich rechts liegen, noch suche ich meine Unterkunft woanders. Es ist ein nettes Haus mit Garten am Ortsrand. Ich darf nicht durch die Haustüre, sondern nur durch die Garage, habe aber volles Verständnis dafür, denn der Regen und der Schlamm haben ihre deutlichen Spuren an mir und meiner Ausrüstung hinterlassen. Ich bekomme ein wunderschönes Zimmer samt Bad im Dachgeschoss des Hauses zugewiesen. Der Hausherr, der selbst schon von hier den Jakobsweg gegangen ist, bringt mich mit dem Auto wieder in den Ort, damit ich etwas zu essen bekomme. Schwierig gestaltet sich dann nur das Nachhausegehen. Denn jetzt machen sich die Strapazen des Tages bemerkbar, eine Blase habe ich mir auch geholt. Wieder einmal heißt es, mit aller Würde so zu tun, als könnte ich mich ganz normal bewegen. Nach einer ausgiebigen Körperpflege im tollen, topmodernen Bad inklusive Versorgen der Blase falle ich ins Bett.

Hochfläche im Aubrac

16. April: Am nächsten Morgen gibt es ein gutes Frühstück mit den Hausleuten Hélène und Pierre und einem ihrer Enkel. Es wird eine regionale Spezialität aufgetischt, ein sogenannter Topfkuchen, den man zu Hause vermutlich am ehesten als Scheiterhaufen mit Pflaumen bezeichnen würde. Wir stellen viele Gemeinsamkeiten fest und erzählen über unsere Familien. Das bringt mich dazu, in mein Dachzimmer zu gehen, um mein Pilgerbuch mit den Fotos meiner Lieben zu holen. Beim Hinuntergehen über die Stiegen merke ich, dass mein Tränenhäferl knapp vor dem Überlaufen ist. Meine mittlerweile erpilgerte gute körperliche Verfassung hat sich auf mein Gemüt also noch nicht übertragen. Ich sage mir (in Gedanken) „Jetzt reiß dich doch am Riemen" und es hilft. Unten angelangt, kann ich die Fotos fast ohne sichtbare Rührung herzeigen. Sehr gerne höre ich natürlich, welch gutaussehende Familienmitglieder ich habe. Im Übrigen gebe ich zu, dass ich jeden Tag mit Sissy telefoniert habe. Dazu kommt alle paar Tage ein Gespräch mit meinen Kindern. Mit lieben Mitarbeiterinnen von früher tausche ich so manche Nachricht per SMS aus. Als moderner Pilger muss man sich dank den Errungenschaften der Technik doch nicht so ganz von zu Hause abnabeln.
Hélène packt mir den Rest des Topfkuchens als Jause ein. Ich verabschiede mich von der so freundlichen Familie und bringe meine noch müden Glieder wieder in Schwung. Die Landschaft ist frisch verschneit, aber die Sonne scheint und bald stellt sich wieder die Hochstimmung des Wanderns ein. Es geht am Vormittag über Hügel, durch Wälder, Wiesen und malerische Dörfer. Ich finde sogar ein halbwegs trockenes Sonnenplätzchen, wo ich den Rest meines Topfkuchens verspeise und ein kleines Schläfchen halte.
Am Nachmittag ändert sich die Landschaft völlig. Allmählich ansteigend komme ich in die Aubrac. Eine Basaltdecke auf granitischem Urgestein hat dem Hochland ein fremdartiges Aussehen verliehen. Lange, flache Hügel, kaum Bäume und mit über 850 m Seehöhe nur für die Viehzucht geeignet. Es gibt jede Menge Bäche, Flüsschen, Lacken und Seen. Hier gedeihen die honiggelben, mit Muskelpaketen bepackten Aubrac-Rinder bestens. Um diese Jahreszeit sind sie im Hochland allerdings noch nicht zu finden.
Ich hole zwei Damen ein, die mir deshalb auffallen, weil sie ununterbrochen den Geräuschpegel ihres Gesprächs auf hohem Niveau halten. Für ein paar Minuten bringe ich mich in ihre Kommunikation ein. Das charmante Gespräch wiegt das langsame Tempo aber nicht auf, deshalb lasse ich die beiden bald wieder hinter mir weiterschwatzen.

Überfluteter Weg im Aubrac

Leider ist das viele Wasser nicht zufrieden mit dem, was ihm an Bach- und Flussläufen geboten ist und so macht es sich auf dem einen oder anderen Weg breit und sogar tief. Ich stehe mit einer jungen Französin, die sich gerade mit mir auf diesem Wegabschnitt befindet, ratlos vor der Furt. Wie kommen wir hier nur hinüber? Ergänzend muss ich nämlich noch feststellen, dass sich die Temperatur um den Nullpunkt bewegt und ein ungemütlicher Wind keine Lust auf ein erfrischendes Bad aufkommen lässt. Ich steige über den Stacheldraht und gehe ein Stück bachabwärts, bis ich zu einer Engstelle komme, wo ich mir ein Hinüberspringen zutraue. Die Stöcke tauche ich tief ins Wasser hinein, bis sie Halt finden. Dann vollziehe ich mit ihnen einen Stabweitsprung und schaffe es gerade auf den Rasenpolster am anderen Ufer. Die junge Französin hat mich beobachtet. Ich biete ihr an, die Stöcke hinüberzuwerfen und ihr beim Ankommen auf meinem Ufer zu helfen. Ich oder die Distanz scheinen ihr aber nicht vertrauenerweckend genug. Sie lehnt ab. Ich kann ihr daher nur raten, sich trotz der frostigen Temperaturen der Schuhe und der Hose zu entledigen und auf der Strecke des früheren Weges durchzuwaten. Das erscheint ihr logisch und sie beginnt sich auszuziehen. Jetzt befinde ich mich in einem Gewissenskonflikt: Soll ich ihr helfen (möglicherweise ist das Wasser zu tief?) oder soll ich im Vertrauen auf ihre Selbstständigkeit unser beider

Schamgefühl höher bewerten? Ich entscheide mich für das Schamgefühl und gehe weiter, ohne mich umzudrehen, in der Hoffnung, sie wieder einmal zu sehen. Natürlich nur deshalb, um die Gewissheit zu haben, dass meine Entscheidung die richtige war. Aber wie werden wohl die zwei Damen, die ich vor etwa einer Stunde überholt habe, hier herüberkommen? Ich gelange immer weiter hinauf, die Landschaft wird karger, die Gewitterstimmung eindrucksvoller und der Schnee hat mich wieder. Mit Tempelhüpfen versuche ich halbwegs trocken über die überfluteten, verschlammten oder nur durchfeuchteten Wegabschnitte zu kommen. Die Gewitter drohen nur, bleiben mir aber vom Leibe und so erreiche ich am späten Nachmittag Finieyrols. Das ist kein Ort, wie man vermuten könnte, sondern es sind zwei, drei Häuser, die sich auf der einsamen Hochfläche verlieren. Eines davon scheint gut von Wanderern und Pilgern zu leben. Es hat ein bisschen etwas von einer alpenländischen Schutzhütte, ist aber mit zwei Duschen und einigen Zimmern komfortabler ausgestattet. Eines davon habe ich für mich ergattert, weil ich rechtzeitig in der Früh schon telefonisch reserviert habe. Abendessen gibt es in einem gemütlichen Speisesaal an einer langen Tafel, wo sich neben mir noch ein rundes Dutzend Wanderer und Pilger gemütlich gemacht hat. Darunter sind auch die zwei Damen vom Vormittag. Eine davon, eine hübsche Genferin, fordert mich auf, neben ihr Platz zu nehmen, und wir kommen gleich wieder ins Gespräch. Es sind zwei befreundete Ehepaare, die sich die Aubrac zum Wandern ausgesucht haben. Einer von den Männern chauffiert das Begleitfahrzeug und der andere ist vorausgegangen. So hat er vor dem schönen, aber schwierigen Wegabschnitt per Handy warnen können und die beiden Damen haben Finieyrols trockenen Fußes im Begleitfahrzeug erreicht. Mit uns tafelt auch ein kanadisches Ehepaar, das sich ebenso den Jakobsweg unter die Füße genommen hat. So fließt die Konversation zwischen Französisch und Englisch mit einigen deutschen Brocken hin und her. Meine Tischdame sorgt sehr bemüht dafür, dass ich immer in die Konversation einbezogen bleibe. So geht ein schöner, etwas abenteuerlicher Pilgertag zu Ende, der fast mit Tränen begonnen hätte. Nur die gestern erworbene Blase und ein leichter Schnupfen haben mich ein bisschen geplagt.

17. April: Am nächsten Morgen ist alles frisch verschneit und vorerst herrscht schönes Wetter. Es gibt ein gemeinsames Frühstück an der langen Tafel. Auch die junge Französin, die ich vor der Furt gestern verlassen habe, taucht auf, um sich in der Herberge einen Stempel für den Pilgerpass zu holen. Ich bin erleichtert, dass sie die Furt offensichtlich auch ohne meine Hilfe gut überwunden hat. Dann mache ich mich auf den Weg, der wegen des Neuschnees oft nicht zu erkennen ist. Aber es gibt Wanderer, die schon früher aufgestanden sind und so kann ich den Spuren folgen. Vorerst! Aber dann haben Regen, Schnee und Graupelschauer die Spuren der Vorgänger verwischt, oder gibt es keine mehr? Die Orientierung ist zeitweise nicht so einfach, aber mit der Scheibenwischermethode (hin und her) finde ich immer wieder die richtige Route. Eine Muttergottesstatue grüßt mich einsamen Pilger.

Zu Mittag erreiche ich das nette Städtchen Nasbinals. Ich kaufe Proviant ein, gehe damit zum Dorfbrunnen und mache mich daran, Karotten und Früchte zu waschen. Da beginnen sich die unheilschwangeren schwarzen Wolken zu entladen und Regen und Graupel prasseln auf mich ein. Ich flüchte in die nahe Kirche und nutze die Gelegenheit für eine Mittagsandacht. Aber so lange wollte ich eigentlich nicht Andacht halten, die Schauer hören einfach nicht auf. Also Regenzeug an und hinaus. Da es sich nicht gehört, in der Kirche meine Mittagsjause zu genießen und weil draußen alles nass ist, jausne ich im Gehen.

Ich erreiche die Aubrac, das Zentrum des Langlaufs in Frankreich und es beginnt wieder zu regnen. Es geht abwärts und zu Bächlein gewordene Wege wechseln sich mit Schlammgräben ab. Der Regen hört Gott sei Dank auf und bei der Ankunft in meinem heutigen Zielort St. Chely d'Aubrac

Sanfte Hügel in der Aubrac

scheint schon wieder die Sonne. Ich schaue bei der Herberge vorbei, aber da wimmelt es mir zu sehr von Wanderern. Gegenüber ist auf einem alten Turm das Schild „Table d'hôte" angebracht, was bedeutet, dass es außer einem Zimmer auch noch Halbpension gibt. Ich ziehe die Klingel und mir wird freundlich aufgetan. Der Turm ist aus dem 15. Jahrhundert und von den jetzigen Eigentümern stilvoll und großzügig renoviert worden. Ich bekomme ein riesiges Zimmer, von dem ich nur ein Eckchen belege. Dann geht es zum Essen die Turmtreppe hinunter. Im stilvoll eingerichteten Esszimmer mit einer langen Tafel ist nur ein Gedeck zu sehen. Ich werde also allein essen. Vor mir steht ein riesiger offener Kamin, in dem das Feuer aus zwei großen Buchenscheiten knistert. Aus dem Hintergrund tönt schöne Musik. Der Hausherr selbst bedient mich. Er bietet mir einen Aperitif an, verschwindet für eine Zeit, kommt mit der Vorspeise, verschwindet für eine Zeit und so weiter. Ich komme mir vor wie ein hoher adeliger Gast auf der Durchreise oder wie die Beute für den Grafen Dracula im Tanz der Vampire. Aber es passiert nichts. Das Essen und der Wein sind sehr gut. Ich habe genug Zeit, vor dem offenen Feuer bei guter Musik den Tag zu reflektieren. Die Blase hat sich abgeregt, der Schnupfen ist erträglich geblieben und das Jucken des Rückens ist mir schon eine vertraute Selbstverständlichkeit geworden. Ich ziehe mich in mein Zimmer zurück und schlafe ohne Belästigung durch ein Turmgespenst ein.

18. April: Auch das Frühstück am nächsten Morgen nehme ich im Speisesalon – Esszimmer wäre stark untertrieben – allein mit Bedienung durch den Hausherrn Jean-Claude ein. Es gibt selbst fabrizierte Marmeladen und dazu wieder klassische Musik. Jean-Claude zeigt mir noch das übrige Haus. Er hat wirklich tolle Zimmer in diesem alten Gemäuer geschaffen und seine Preise sind sehr moderat. So nehme ich mir auch hier ein Wiederkommen vor, zumal die Aubrac ein näheres Kennenlernen wert ist.
Das Wetter verwöhnt mich heute und die Unbilden von gestern sind rasch vergessen. Durch eine Wanderlandschaft wie aus dem Bilderbuch geht es weiter. Hier unten ist die Aubrac nicht so karg, wie auf den Hochflächen. Der Frühling ist nicht mehr aufzuhalten und verwöhnt mich mit dem Anblick zarter Knospen und Blüten. Zu Mittag komme ich nach St. Come d'Olt. Im Führer ist zu lesen, dass es sich um eines der schönsten Städtchen Frankreichs handelt. Fürwahr, ich kann das bestätigen. Einmalig ist vor allem die gedrehte Spitze des Glockenturms. „Olt" ist die okzitanische

Saint Côme d'Olt

Bezeichnung für den Fluss Lot. Die Einheimischen dieser Region sprechen die Langue d'Oc oder Occitan (Okzitanisch). Das ist eine alte, aussterbende Sprache, in der einst die Troubadoure dichteten.
Nach der Überquerung des Flusses Lot geht es über einen Berg mühsam zu meinem Tagesziel Espalion. Den Fluß entlang wäre es vermutlich nur halb so lang gewesen, aber es gibt sehr schöne Ausblicke von hier oben. Espalion ist eine malerische Stadt, in der zahlreiche steinerne Zeugen der Vergangenheit die lange Geschichte seit den Tagen der Römer künden. Bei der Touristeninformation händigt man mir lieblos ein paar Prospekte aus. Die Herberge ist auch nicht weit. Aber dort drängen sich wieder einmal die Leute. Also suche ich anhand der Adressen für Privatquartiere eine geeignete Unterkunft. Dabei werde ich hin- und herverwiesen und lege viele überflüssige Kilometer zurück. Als es mir reicht, gehe ich zum *Hôtel Moderne.* Unter „modern" stelle ich mir zwar etwas anderes vor, aber es ist trotzdem so schön, dass ich mich als Pilger über Gebühr verwöhnt fühle.
Dann hole ich nach, was ich beim Ankommen versäumt habe: die Église de Perse, erbaut im 11. und 12. Jahrhundert an der Stelle, wo der heilige Hilarian 730 von den Sarazenen enthauptet wurde. Das Tympanon des Hauptportals mit Pfingstgeschehen, Apokalypse und Jüngstem Gericht waren die weiteren zusätzlichen 2 km vom Ortszentrum allemal wert. Viel Zeit habe ich leider nicht zum Besichtigen, denn ich möchte halbwegs pünktlich in die Vorabendmesse im Ortszentrum kommen.

Das halb vornehme Abendessen im Hotel beschließt den für meine Maßstäbe sehr lockeren Pilgertag, wo ich es geschafft habe, die notwendigen 22 km durch überflüssige Rennereien wieder auf geschätzte 30 auszudehnen.

19. April: Jeder gute Pilgertag beginnt mit einer romanischen Kirche. Heute ist es die Église Saint Pierre de Bessuéjouls. Über eine Wendeltreppe, die nichts für Leute mit Klaustrophobie ist, komme ich ins Obergeschoß, wo ein karolingischer Altar mit Motiven des Erzengels Michael aus dem 9. Jahrhundert zu bestaunen ist. Es fasziniert mich, einen Altar zu betrachten, den auch schon Karl der Große hätte bewundern können. Bezaubernde Weiler in einer lieblichen Frühlingslandschaft machen auch diese Strecke zu einem Genuss der Extraklasse.
Ich erreiche wieder das Ufer des Lot. Gegenüber liegt heroisch die Burg Estaing, die den gleichnamigen Ort unter ihre Fittiche genommen hat. So schön wie der Vormittag begonnen hat, bleibt er. Vorerst geht es ruhig und fast meditativ den Ufern und Auen des Lot entlang, dann ist wieder ein Berg (wir würden eher Hügel dazu sagen) zu erklimmen. Die Mittagspause samt Schläfchen halte ich noch in der Sonne auf freiem Feld. Aber bald danach ziehen erste dunkle Wolken auf und die Regenkleidung kommt wieder zum Einsatz. Aber es ist nicht mehr so weit, nach einigen idyllischen Weilern erreiche ich das putzige Dorf Espeyrac. Dort gibt es das einfache *Hotel-Restaurant de la Vallée*. Der Speisesaal hat zwar den Charme einer Bahnhofshalle, aber Zimmer und Essen erweisen sich als ganz in Ordnung, noch dazu zum ermäßigten Pilgertarif. Außer mir sind noch zwei ältere Engländerinnen zu Gast, mit denen ich mich beim Abendessen über ihre Erfahrungen am Jakobsweg in Frankreich und Spanien unterhalte. Der Camino Francés in Spanien hat ihnen wegen der Rennereien, einen freien Herbergenplatz zu ergattern, nicht so gefallen.

20. April: Wie abhängig man als Pilger doch vom Wetter ist! Gestern war ich bei Kaiserwetter in einer großartigen Landschaft unterwegs, heute ist alles grau in grau: Regen und Nebel. Dabei soll ich heute zur sogenannten Perle des Jakobsweges in Frankreich kommen, nach Conques (lat.: Muschelschale). Ich habe mir deshalb auch vorgenommen, nur den Vormittag zu gehen und am Nachmittag Conques anzuschauen und dort in der Herberge des Benediktinerklosters zu übernachten. Die Engländerinnen am Vorabend haben ihr Marschtempo als äußerst langsam beschrie-

Burg und Altstadt von Estaing

ben, aber ich hole und hole sie nicht ein. Die Gegend ist sicher genauso reizvoll wie am Vortag. Wenn man aus der Regenpellerine ins Grau lugt, ist aber alles nur mehr halb so schön. Nach drei Stunden erst treffe ich die zwei Engländerinnen am Ortsrand von Conques. Jedenfalls weiß ich jetzt, was britisches Understatement ist. Ich möchte mich zuerst orientieren und gehe den Jakobsweg weiter. Aber siehe da, da ist der Ort ja auch schon wieder zu Ende. Ich drehe um und gehe zur Kirche.

Die Ursprünge von Conques gehen in das 9. Jahrhundert zurück, in dem sich der Einsiedlermönch Datus hier niedergelassen hat. Ihm schlossen sich weitere Mönche an und gründeten das Benediktinerkloster. Um das Kloster mit einer Reliquie auszustatten, organisierte man eine „heimliche Übertragung" (man könnte es auch Diebstahl nennen) und holte die Gebeine der Sainte Foy (heilige Fides) aus Agen. Das scheint die Heilige, die als 12-Jährige das Martyrium erlitt, nicht gestört zu haben, denn die Geschichte berichtet von zahlreichen Wundern, die Conques rasch zu einem viel besuchten Wallfahrtsort machten. Ein Übriges tat die zentrale Lage am Jakobsweg, die diesen Ort zu einem ganz außergewöhnlichen Schmuckstück werden ließ. So ist die im 11. und 12. Jahrhundert erbaute romanische Kirche sehr hoch gebaut und ein Wunderwerk an Emporen und Säulengängen. Im Ort gibt es nur alte Gebäude, die sich zu einem einzigartigen Ensemble zusammenfügen. Deshalb haben sich auch genügend Kunst- und Andenkenläden breitgemacht, um an der Anziehungskraft des Ortes mitzunaschen.

Während der gesamten Besichtigung der Kirche und des Ortes ringe ich mit mir, ob ich bleiben oder weiterziehen soll. Aber da ich eigentlich nicht mehr wüsste, was ich am Nachmittag noch anschauen sollte, und der Aufenthalt im Benediktinerkloster auch nicht so einladend wirkt, beschließe ich weiterzuziehen. Ich komme an der Kapelle der heiligen Foy und einer Quelle, die bei Augenleiden helfen soll, vorbei. Noch lange faszinieren mich die Rückblicke zur Quelle des Plo und der „Muschelschale", die aus der Einsiedelei in der Waldeinsamkeit gewachsen ist. Je höher ich komme, desto weniger verlocken mich die Blicke, denn es ist neblig und nass. So nehme ich mein Mittagsmahl wieder einmal im Stehen zu mir und spule die 20 km zu meinem Etappenort Decazeville mit mäßigem Vergnügen herunter. Bei schönem Wetter wäre sicher auch hier ideales Wandergelände. Decazeville als Kohle- und Industrieort ist keine Reise wert. Der Jakobsweg berührt die Stadt nur am Rande. Ich brauche aber ein Quartier und gehe ungefähr 2 km bis ins Ortszentrum auf der Suche nach einem Hotel. Im Ortszentrum frage ich dann einen Polizisten, der verweist mich wieder an den Ortsrand, wo ich gerade hergekommen bin. Dort habe ich tatsächlich ein unscheinbares Hotel mit benachbartem Restaurant übersehen, das mäßige Qualität zu unmäßigem Preis anbietet. Schade, dass dieser Tag, der einen Höhepunkt an der Via Podiensis darstellen sollte, durch das Wetter beeinträchtigt war, aber immerhin bin ich jetzt 20 km weiter, als es mein ursprünglicher Marschplan vorgesehen hatte.

21. April: Draußen ist es neblig. Ich bin gestern auf einem Hügelrücken nach Decazeville gekommen und verlasse es heute wieder auf einem solchen. Ich hoffe dabei inständig, dass ich nicht im Nebel den Weg, den ich gekommen bin, wieder zurückgehe. Erleichtert stelle ich nach einer halben Stunde fest, dass ich hier tatsächlich noch nicht war. Ich komme wieder an den Lot, der mich mit seinem Anblick auch diesmal nicht enttäuscht. Beim Begehen der Schlammbahnen, die früher einmal Wege waren, entwickle ich schon eine gewisse Routine.
Auch heute säumen wieder romanische Kapellen und Kirchen meinen Weg. Saint Felix beispielsweise schmückt sich mit einem interessanten Tympanon von Adam und Eva. Auf diesem Streckenabschnitt sind sehr viele Wanderer und Pilger unterwegs. Ich beobachte eine Familie mit vier Kindern, von denen eines nachhaltig, aber wenig erfolgreich, bockt. Das erinnert mich an eine Zeit, in der meine eigenen Kinder noch klein wa-

ren, und ich werde ein wenig wehmütig und denke an zu Hause. Doch gleich nehmen die Ereignisse auf dem Weg wieder meine Aufmerksamkeit in Beschlag. Zu bestaunen ist ein Jakobspilger, der einen Fahrradanhänger mit vielen bunten Wimpeln hinter sich her schleppt. Die Landschaft ist abwechslungsreich. Ob es der Weg auch ist, kann ich nur teilweise sagen, denn aufgrund des Schlamms benützen fast alle, also auch ich, die Straßen statt der ausgeschilderten Route. Aufgefallen ist mir auch ein junger Mann, den ich als gehbehindert einschätze. Nach der Mittagspause vor der Kirche in St. Felix versetzt er meinem Hochmut einen Dämpfer, als er mich überholt und dabei fragt: „Vous êtes blessé?", was so viel heißt wie „Sind Sie verletzt?" Wenn ich müde bin, dann humple ich hin und wieder schon ganz erbärmlich. So reiße ich mich einmal mehr zusammen. Schön langsam nähere ich mich Figeac, wo ich auch nächtigen will. 4 km noch, sagt ein Wegweiser. Der nächste, nach einer halben Stunde spricht von 3,5. Nach einer weiteren halben Stunde sind es wieder 4 km. Da merke ich, dass etwas nicht ganz stimmen kann. Ich bin seit einer Stunde auch ganz allein auf meinem Weg. Wo sind denn die anderen alle hingekommen? Bei genauerem Studium meiner Führer sehe ich, dass es eine grün markierte Umgehungsroute von Figeac gibt, der in die Stadt führende Weg ist rot bezeichnet. Mit der Unterscheidung von Rot und Grün habe ich schon seit jeher meine liebe Not. So bin ich also an Figeac vorbeigelaufen. Na ja, der Führer sagt, wirklich sehenswert sei nur die Brücke aus dem Mittelalter und um 2 km kürzer war meine Variante auch. Also beschließe ich, meinen Weg fortzusetzen. Aber auch das Weitergehen ist nicht einfach.

Fluss Lot

Eine Umfahrungsautobahn wird gebaut und der Pfad samt Wegweiser ist plötzlich weg. Ich besinne mich auf meine Sturheit und gehe einfach weiter nach Westen, wo ich den Wegverlauf vermute. Das trägt mir einen ernsthaften Rüffel des Baggerfahrers ein, an dem ich gerade vorbeihuschen wollte. Aber ich bin ohnehin schon fast auf einer Viehweide und nach Überqueren mehrerer Zäune stehe ich wieder auf dem GR 65, also dem Jakobsweg. Ich erreiche das bezaubernde Dörfchen Faycelles, wo man im Dorfwirtshaus ein Zimmer und ein schmackhaftes Abendessen für mich hat. Von der freundlichen Wirtin borge ich mir eine Nadel, um einen Knopf anzunähen – mittlerweile ist auch meine Ausrüstung schon etwas mitgenommen. Ich habe zwar Nähzeug dabei, aber genau die Nadel fehlt. Ich darf sie dann sogar behalten. Leider hat sich heute eine Blase, die ich seit Längerem am Innenrist habe, wieder bemerkbar gemacht. Sie wird mir doch keine gröberen Schwierigkeiten bereiten?

22. April: Ein herrlicher Morgen erwartet mich am nächsten Tag. Ich habe gut und lange geschlafen und bin voll Energie für meine 40 km lange Etappe nach Limogne en Quercy. Nicht nur das schöne Wetter, auch der von Fliederduft erfüllte Weg hebt mich in höhere Pilgersphären. Das Quercy ist eine Region mit Jurakalk, die von den Flüssen Lot und Célé durchzogen wird. Dadurch werden Kalkhochflächen, die Causses, gebildet. Auf den kargen Causses weiden Schafe auf den durch kleine Steinmauern begrenzten Feldern.

Kalkhochfläche im Quercy

Burg von Salvagnac-Cajarc

Wie überdimensionale Pilze stehen immer wieder Cazelles, die steinernen Hütten der Schäfer, herum. Dafür finden sich relativ wenige andere Wohnstätten. Gegen Mittag erreiche ich Cajarc, das in der Vergangenheit mit seiner 1320 erbauten Brücke über den Lot ein wichtiger Ort für Jakobspilger war. Ich lasse mich auf einer romantisch gelegenen Bank am Lotufer nieder und genieße mein Mittagsmahl. Dann frage ich mich, wo es weitergeht? Die Beschilderung weist mich wieder zurück zu dem Weg, den ich gekommen bin. Hin und wieder zurück auf demselben Weg? Das kann doch nicht stimmen! Der Kartenskizze entnehme ich, dass der GR 65 – im Unterschied zu den früheren Jakobspilgern – hier den Lot noch nicht überquert. Also gehe ich rechtsseitig am Lot entlang und stoße nach etwa 500 m auf eine Sperre, die auch mir unüberwindlich scheint. Also wieder zurück nach Cajarc. Noch weiter den Weg zurück, wo ich gekommen bin, will ich aber nicht. Also lege ich mir eine eigene Route zurecht. Ich überquere jetzt den Lot, um meinen Berechnungen nach später dann wieder auf den markierten Jakobsweg zu stoßen, der auch irgendwann einmal den Lot überqueren muss.

Vorerst wird mein Mut zu einer eigenen Variante belohnt durch eine prachtvolle Burg bei Salvagnac-Cajarc. Dann wandere ich auf einer Nebenstraße den Lot entlang. Mit etwas Mühe finde ich die richtige Abzweigung zu dem Anwesen Gayfié, das ich passieren muss, wenn ich den Jakobsweg wiedersehen will. Die Sonne brennt heute schon sehr heiß herunter. Es

Quelle im Quercy

gibt keine Hinweise, wo ich mich befinde, und die Wegweiser führen zu Orten, die mir nichts sagen. Ich befinde mich mittlerweile auf einer Schotterpiste, die durch schier endlosen Krüppelwald ohne menschliche Behausung führt. Kommt Gayfié oder kommt es nicht? Es kommt, wirkt aber sehr ausgestorben. Deshalb gehe ich auch nicht zum Gehöft, um meine schon leeren Wasserflaschen nachzufüllen. Weiter geht es die Schotterpiste entlang. Jetzt muss meiner Berechnung nach bald von rechts herauf der markierte GR 65 kommen. Es führt auch ein Weg herauf, an dem ich aber keine Markierung sehe, obwohl ich ihn ein Stück weit hinunter verfolge. Also bleibt es spannend. Wenn meine Berechnungen nicht stimmen, hoffe ich, dass der Weg wenigstens zu einer menschlichen Behausung führt und nicht irgendwo im Walddickicht endet. Aber siehe da, plötzlich kommt von rechts der GR 65. Ich begrüße ihn mit großer Freude. Jetzt muss ich nur noch Wasser finden, denn der Durst plagt mich ganz schön. Beim nächsten Dörfchen soll es ja Wasser geben. Dort angelangt ist es schon fast paradiesisch! Ähnlich wie bei den Jordanquellen sprudelt eine kleine Quelle glasklaren Wassers unter einem Felsen hervor. Ich labe mich ausgiebig wie ein Verdurstender, bevor ich meine Wasserflaschen fülle.

Den Rest des Nachmittags wandere ich müde, zufrieden und unkonzentriert weiter. Letzteres zeigt sich daran, dass ich mich zweimal bei den jetzt wieder häufiger werdenden Siedlungen vergehe. Zu guter Letzt suche ich in meinem Tagesziel Limogne en Quercy das Quartier, das ich mir im Führer markiert habe, in der falschen Himmelsrichtung. Wenn es einmal hakt, dann aber ordentlich! Aus den geplanten 40 km sind heute wieder deutlich mehr geworden. Wie viel weiß ich nicht, aber die zehn Stunden Gehzeit reichen mir, und ich beschließe den Tag in einem ordentlichen Zimmer bei einem netten Ehepaar.

23. April: Am Morgen finde ich, dass ich mir heute einen ruhigeren Tag verdient habe. Cahors stünde auf dem Programm. Doch im *„Miam, Miam, Dodo"* scheint eine mögliche Abkürzung auf, die Cahors vermeidet und rund 8 km Weg-Ersparnis bringt. Heute bin ich fürs Sparen und entschließe mich für die Abkürzung, zumal im Führer steht, dass die von den Kelten gegründete Stadt schon einmal bessere Zeiten gesehen hat und, was noch schlimmer ist, dass man ihr das auch anmerkt.
Heute nehme ich mir vor, sehr gut aufzupassen und mich nicht mehr zu verlaufen. Ich bin eine gute Stunde unterwegs, da habe ich im unübersichtlichen Buschgelände die Markierung auch schon wieder verloren. Ich gehe zur nächsten Straße, die ungefähr in die richtige Richtung führt. Diese verfolge ich so lange, bis ich wieder auf den GR 65 stoße. Was soll's? Wo ich schon eine Abkürzung vorhabe, kann ich vorher wohl auch noch einen Umweg machen. Kurz nach dem kleinen Ort Bach trenne ich mich vom GR 65 und nehme die im Buch beschriebene Abkürzung in Angriff. Bei früheren Etappen hat es meistens eigene Markierungen für die Varianten gegeben. Auf so etwas hoffe ich auch hier. Die gelbe Markierung könnte passen. Aber ach, sie verschwindet und andere tauchen auf, um dann selbst wieder auszubleiben. Ich halte mich nach einiger Zeit des Markierung-

Kapelle in der Umgebung von Cahors

Ratens also lieber an die Asphaltstraße. Auf der ist es zwar nicht so schön zu gehen, aber ich komme sicher nach Lalbenque, meinen nächsten Zielort. In Lalbenque gut angelangt, muss ich nur noch den richtigen Weg hinausfinden, damit ich nicht wieder auf der Asphaltstraße wandern muss. Ich frage zweimal und zeige dabei die Wegskizze aus dem (französischen) *„Miam, Miam, Dodo"* her, aber die Befragten haben keine Ahnung vom Kartenlesen. Also muss wieder einmal die Scheibenwischermethode ran: Ich gehe eine Umfahrungsstraße so lange quer, bis ich den richtigen Weg finde. So komme ich auf einem schönen Waldweg bis zur Autobahn A 20 und den Flughafen von Cahors. Jetzt muss ich als nächstes zum Dorf Le Cayran und folge einem Wegweiser. Ich gehe zehn Minuten, dann kommt mir etwas merkwürdig vor. Der Flughafen liegt in der falschen Richtung! Noch einmal Studium der Skizze (ein Königreich für eine Karte!) und ich erkenne, dass ich in diesen Ort Le Cayran gar nicht zu wandern brauche, weil ich schon viel weiter bin. Also wieder zurück! Jetzt muss ich mich noch in dem modernen Dickicht einer Autobahnauffahrt, einer Nationalroute, zweier Regionalstraßen und der Zufahrt zum Flughafen zurechtfinden und erreiche mein Quartier für den heutigen Tag in Cahors Sud, es ist eine Art Autobahnraststätte. Diese ist liebevoll angelegt, hat aber auch schon bessere Zeiten gesehen.

24. April: Am nächsten Morgen verlaufen die 7 km bis zur Wiedervereinigung mit dem GR 65 problemlos. Je weiter ich komme, desto häufiger ist sogar wieder eine durchgängige Markierung vorhanden. Die Landschaft ist leicht gewellt, die Rapsfelder stehen bereits in Blüte und das Pilgerleben zeigt sich wieder einmal von seiner wunderschönen Seite.

Im kleinen Ort Lascabanes hoffe ich in der Herberge etwas Brot zu erhalten. Wie ich näher komme, glaube ich meinen Ohren nicht zu trauen: Aus dem Inneren höre ich eine Unterhaltung in breitem, ostösterreichischen Dialekt. So lerne ich Walter und Trude kennen, ein Winzerehepaar aus Langenlois, das den Jakobsweg in Etappen bewältigt. Sie sind die ersten Österreicher, die ich treffe, seit ich Vorarlberg verlassen habe, und ich freue mich sehr über meine Landsleute. Walter und Trude beherrschen nur Niederösterreichisch, was hier im Herzen Frankreichs kaum Verständnis findet. Deshalb suchen sie sich immer einen Mitpilger, der Deutsch und Französisch spricht. Gegenwärtig ist es Jean-Michel, ein äußerst distinguierter Herr, der sehr hilfsbereit die Rolle des Pilgerführers spielt. Auch

Zwischen Montcuq und Montlauzun

sie haben die Abkürzung um Cahors herum genommen und hatten daher ähnliche Orientierungsprobleme wie ich. Das tröstet mich.
In der Herberge gibt es Packerlsuppe und Nudeln aus dem Automaten, aber kein Brot. So verzehre ich in der Not meinen noch vorhandenen Käse ohne Brot und als Nachspeise Schokolade. Ich verabrede mich mit Walter und Trude für den Abend in der Herberge von Montlauzun und weiter geht's. Heute ist so ein Tag, der schöner nicht sein könnte: Der Sommer hat seine ersten Fühler ausgestreckt, aber noch so zärtlich, dass man bei der Wahl zwischen sonnigen und schattigen Weghälften gerne noch in der Sonne bleibt. Die Landschaft ist besonders lieblich und zum Wandern vortrefflich geeignet – sanfte Hügel, Wiesen, Wälder, Bäche und immer wieder romantische kleine Dörfer. Dazu kommt die frische, grüne Pflanzenpracht mit vielen Farbtupfern, vor allem das Gelb der Rapsfelder und das Blau von Fliederbüschen, die hier auch wild wachsen. Heute ist mir daher nicht nach Abkürzungen zumute, und so gehe ich den Weg nach Montcuq aus. Die kleine Stadt kann sich sehen lassen. Die vielen Häuser aus dem 14. und 15. Jahrhundert sind kunstgerecht restauriert und der Ort strahlt französische Gemütlichkeit aus. Deshalb sollen laut meinem Führer sehr viele Engländer hier ihre Zweitwohnsitze aufgeschlagen haben.
Auch die noch folgenden 7 km bis zum Tagesziel Montlauzun reihen sich würdig in diesen Tag ein. Montlauzun ist ein kleines Dörfchen auf einem etwas höheren Hügel mit Kirche und einem alten, aus dem Mittelalter stammenden Pfarrhaus. Dieses hat ein englisches Ehepaar gekauft, restauriert und bietet es jetzt als Herberge für Jakobspilger und Wanderer an.

Blick von der Gartenterasse der Herberge in Montlauzun

In dem beschaulichen Beruf der Herbergswirte haben sie ihre Erfüllung gefunden – sie strahlen Ruhe und Zufriedenheit aus. Das alte Pfarrhaus ist von einem Garten umgeben, der auf das sanfte Land Richtung Montcuq, wo ich gerade hergekommen bin, hinunterblickt. Die Herbergsleute sitzen in der Nachmittagssonne und laden mich ein, ein Glas frisches Wasser zu trinken und mich dazuzusetzen. Walter und Trude sind schon da. Sie waren mit ihrem Hang zu Abkürzungen konsequenter als ich und haben sich den Weg nach Montcuq erspart. Ich bekomme ein gemütliches Zimmer, aus dem ich den Blick über das darunterliegende Land schweifen lasse. Außer mir, Walter, Trude und ihrem französischen Begleiter Jean-Michel ist noch Henry beim Abendessen dabei. Das ist ein wettergegerbter, topfitter Franzose über 70, der zwei Tage vor mir aus Genf weggegangen ist. Da wir so eine nette Truppe sind, verabreden wir uns auch für die nächste Übernachtung in der Herberge *Ultreia* in Moissac. Jean-Michel reserviert Plätze für uns alle. So klingt ein weiterer wundervoller Pilgertag aus.

25. April: Der neue Tag verbirgt die liebliche Landschaft hinter eintönigem Grau. Beim gemeinsamen Frühstück stellt sich heraus, dass wir wieder unterschiedliche Wege gehen werden. Jean-Michel wird nach einem Pilgerfreund sehen, der sich in Moissac ins Krankenhaus einliefern lassen musste. Der Herbergswirt wird ihn in die Stadt fahren. Die anderen planen, die Straße entlang zu gehen, da uns der Gastgeber vor dem rutschigen Weg über die Hügel warnt. Außerdem kann man dabei einiges an

Zeit sparen. Ich bin – noch – risikofreudig und nehme den GR 65. Der Weg ist tatsächlich ziemlich glitschig, aber ich komme zurecht. Einsetzender Regen macht den Matsch nicht genießbarer. Der Hügel von Lauzerte liegt vor mir. Das ist eine befestigte Stadt auf einem steilen Hügel, die im Mittelalter die Straße von Cahors nach Moissac bewacht hat. Ich mache von der Möglichkeit, diesen Berg zu umgehen, keinen Gebrauch, denn im Gegensatz zu vielen meiner Mitpilger liebe ich die Anstiege. Lauzerte ist die Mühe wert. Es hat sich sein mittelalterliches Aussehen mit engen Gassen und einem verträumten Marktplatz erhalten. Nur der Regenvorhang, in dem ich es heute antreffe, stört die Idylle. Für meine Mittagsjause wähle ich den überdachten Vorplatz einer Scheune bei einem eher verlassen wirkenden Hof. Ich freue mich darüber, sogar Stroh am Boden zu finden, auf dem ich mich niederlassen kann. Jetzt ist der Regentag fast gemütlich und warm. Ein kleines Schläfchen geht sich auch aus, obwohl ich doch jeden Augenblick damit rechne, von einem Hund aufgescheucht zu werden. Es stört mich aber niemand und so kann ich in geordneter Ruhe meinen Weitermarsch antreten. Ich weiß nicht wie, aber wieder einmal muss ich feststellen, dass ich eine Abzweigung vom GR 65 übersehen habe. Das Zurückgehen schätze ich immer noch nicht. Deshalb suche ich mir ab jetzt meinen eigenen Weg und gelange dabei unweigerlich auf die Asphaltstraße. Diese verfolge ich nun längere Zeit Richtung Moissac. Bei dem aktuellen Wegezustand nicht unbedingt ein Nachteil, vor allem kann man hier kaum einmal eine Abzweigung übersehen. Ich habe allerdings den Eindruck, dass ich nicht den kürzesten Weg nach Moissac gegangen bin. Jedenfalls komme ich hin und bringe die endlos lange Einfallsstraße mit Tankstellen und den sonstigen anödenden Bauwerken unserer Wohlstandsgesellschaft hinter mich.
Die Herberge *Ultreia* liegt in der Nähe des Bahnhofs. Sie ist augenscheinlich schon fast voll, sodass ich froh bin, dass Jean-Michel für mich einen Platz reserviert hat. Hier sind die Herbergswirte ein junges Paar aus England und Irland. Sie zeigen mir mein Plätzchen in einem Schlafsaal, in dem sechs Betten stehen. Sonst hat aber fast nichts mehr Platz. Wo es noch Abstellflächen gibt, sind sie von meinen Freunden, die schon seit einiger Zeit hier sind, belegt. Nur Jean-Michel, der uns das Quartier eingebrockt, pardon, ausgesucht und reserviert hat, zieht eine mir nicht bekannte Alternative vor. Am Fensterbrett finde ich noch ein paar freie Quadratzentimeter. Den Rucksack bringe ich in einen kleinen Aufent-

haltsraum. Auch dort ist schon alles ziemlich verhängt, nach einem Regentag versucht jeder seine Sachen irgendwo zum Trocknen aufzuhängen. Ich arrangiere mich, so gut es geht, ziehe etwas Trockenes an und mache noch einen Rundgang in der Altstadt. Die Abteikirche St. Pierre in der mittelalterlichen Altstadt ist von der UNESCO als Weltkulturerbe anerkannt. Sie wurde im 11. und 12. Jahrhundert erbaut und schmückt sich mit einem Kreuzgang, der 76 Arkadenbögen aufweist. Dieses Meisterwerk mittelalterlicher Baukunst versetzt mich trotz seiner Großartigkeit aber nicht in Begeisterung, denn vielen Figuren wurden in der französischen Revolution die Köpfe abgeschlagen. Außerdem ist von der riesigen Abtei nur ein Bruchteil restauriert und den Besuchern zugänglich. Der meiner Ansicht nach größere Teil des Riesenkomplexes scheint dem unaufhörlichen Fraß der Jahrhunderte preisgegeben. Ich habe vor, irgendwo in der Nähe der Pyrenäen in den Zug einzusteigen und einen Abstecher nach Lourdes zu machen. Hier möchte ich die Möglichkeit dazu erkunden. Aber der Bahnhof hier ist nicht einmal eine bessere Haltestelle, wo es statt einer Auskunft nur einen Fahrkartenautomaten gibt. Die Fahrt nach Lourdes bleibt also weiterhin im Dunkeln.
Enttäuscht gehe ich wieder in die Herberge und, nachdem ich die Einzelheiten des Abendessens geklärt habe, von dort zur Kathedrale. Die Vorabendmesse findet in einer sehr stimmungsvollen Seitenkapelle, einer ehemaligen Sakristei, statt. Dort ist ein kleines Fenster von Marc Chagall wunderschön gestaltet. Nach der Abendmesse bekomme ich in der Herberge meine Haupt- und Nachspeise und trinke von dem übriggebliebenen Tischwein. Alle anderen Pilger sind bereits in die Lokale der Stadt ausgeflogen. Der irische Wirt gesellt sich zu mir und erzählt mir von seinem Leben und von seinen Erfahrungen als Jakobspilger. Am meisten berührt haben ihn die Ereignisse, wo er oder ein anderer Pilger die eigenen Interessen zurückgestellt und einem anderen geholfen hat. Das scheint nämlich durchaus nicht so selbstverständlich zu sein. Jeder ist ja grundsätzlich auf sich selbst angewiesen und schaut daher in erster Linie auf sich selber. Während wir so auf Englisch plaudern und philosophieren, kommen Walter, Trude und Henry schon wieder heim. Wir suchen früh den Schlafraum auf und begeben uns zur Ruhe. Obwohl „Ruhe" nicht der richtige Ausdruck ist. Denn die Schnarchlaute ergeben nach kurzer Zeit einen ganz ordentlichen Geräuschpegel. So recht und schlecht schlafe ich dann doch in dem warmen und von den nassen Sachen dampfigen Zimmer ein und sogar durch.

Von Moissac nach San Sebastián (26. April bis 7. Mai)

26. April: Am Morgen stelle ich zu meinem Entsetzen fest, dass eine Verkühlung, die ich nahezu schon weggebracht hatte, heute Nacht noch einmal voll ausgebrochen ist. Henry ist auch nicht sehr motiviert, weil er seinen Tirolerhut nicht mehr findet. Er verschwindet zu dem Lokal, wo er gestern Abend eingekehrt ist. Ich schwöre mir, jetzt wieder für längere Zeit dem Vergnügen einer Herberge zu entsagen und verabschiede mich nach dem Frühstück von meinen Freunden.

Es hat sich so richtig eingeregnet. Ich wandere am Kanal du Midi entlang. Dieser 237 km lange Kanal wurde im 17. Jahrhundert als Wasserweg zwischen Mittelmeer und Atlantik gebaut, galt damals als Sensation und ist heute UNESCO Weltkulturerbe. Durch die Eisenbahn ist der Kanal als Transportweg überflüssig geworden. Heute wird er nur mehr von Hausbooten genutzt, auf denen man einen stimmungsvollen Urlaub verleben kann. Rechts und links vom Kanal ragen riesige Alleebäume in den Himmel, die oben ihr Blätterdach vereinigen und so eine grüne Laube für den Kanal schaffen. Es ist schön, diesen Kanal entlang zu wandern, aber sehr viel Abwechslung bietet er nicht. Nach 11 km Kanalwanderung komme ich an die Abzweigung, die ich diesmal nicht übersehe. Es leuchtet mir nur nicht ein, warum ich ungefähr 500 m vorher vom linken auf das rechte Ufer wechseln soll, wenn der Weg nach links führt. Ich vermute, dass das nur geschieht, um die Pilger an irgendeinem Laden oder an einer Bar vorbeizuführen. Mein Misstrauen wird auf der Stelle bestraft. Die Abzweigung führt nämlich einen Stock höher über meinen Kopf hinweg. Ich versuche über die Böschung hinaufzukommen und stehe vor einem weiteren Kanal. Also gehe ich reumütig wieder zur regulären Abzweigung zurück. Umwege bin ich ja schon gewohnt.

Für ein Schläfchen ist es zu kalt und ungemütlich. Mit dem anschließenden Überschreiten der Garonne komme ich in die Gascogne, die insbesondere aus den oft gesehenen Filmen über die *Drei Musketiere* einen klingenden Namen für mich hat. Der nächste Ort Auvillar könnte auch gleich Spielort für so einen Kostüm- und Degenfilm sein. Dann geht es das sanft gewellte Gelände weiter nach Saint Antoine. Ich bewundere das schöne mittelalterliche Ensemble. Dabei komme ich an einem Café vorbei, aus dem soeben zwei Pilger, gut bewehrt mit Regencapes, treten. Ich grüße

das übliche „Bonjour" und glaube nicht recht zu hören, als mir hier in der tiefsten Gascogne ein „Grüß Gott!" zurückschallt. Das können nur Österreicher sein. Sie sind es auch: ein pensionierter Kammeramtsdirektor aus der Steiermark mit seiner Gattin. Wir plaudern die nächsten zwei Stunden bis zu unserem gemeinsamen Zielort Miradoux. Beim Ortseingang kommen wir bei der Pension vorbei, wo sie reserviert haben. Die Hausfrau macht auch gleich auf und mit ihr springt aus dem schmuddeligen Flur ein großer Hund. Das behagt meinen Steirern gar nicht, sie geben der Hausfrau und ihrem Hund einen Korb und kommen mir nach in das Privathaus, wo ich ein Zimmer reserviert habe. Es ist ein altes Bürgerhaus mit riesigen und hohen Räumen. Das Haustor ist so hoch, dass ich zweimal der Länge nach hineinpassen würde.
Hier sind es zwei Holländer, die ihrem erlernten Beruf und der Heimat Ade gesagt haben. Der Salon und das Treppenhaus machen einen hochherrschaftlichen Eindruck. Die Zimmer unter dem Dach, die wir bekommen, waren vermutlich einmal Dienstbotenzimmer mit Naturbretterboden. Sie halten das Niveau des hochherrschaftlichen Untergeschoßes natürlich nicht, sind aber ganz passabel. Standesgemäß gibt es für uns drei den Aperitif im Salon und anschließend das Abendessen in der gemütlichen Wohnküche mit dem Gastgeberehepaar. Ich bin mit meiner Verkühlung ziemlich bedient und die freundliche Steirerin schenkt mir ein Päckchen Pillen, die dagegen gut sein sollen. So habe ich eine ganz erträgliche Nacht.

27. April: Am Morgen sind meine steirischen Pilgerfreunde etwas schneller unterwegs und ich zockle fünf Leuten hinterher, ohne ihnen wirklich näher zu kommen. Der Dauerregen hat aufgehört, heute gibt es nur mehr den einen oder anderen Spritzer. Ich bin noch gewillt, die Wanderwege zu gehen, aber nur 10 m weit. Auf dem durchfeuchteten Grund bilden sich sofort zentimeterdicke Lehmpatschen auf den Sohlen und Lehm auf Lehm gibt eine hervorragende Gleitschicht. Diese ist aber für Vorwärtsbewegungen alles andere als geeignet, also ergebe ich mich dem Schicksal des Asphaltwanderns. Dabei gewinne ich dem Gehen auf den Autostraßen immer mehr Vorteile ab: Die Nebenstraßen sind hier kaum befahren, man hat festen Boden unter den Füßen und die Distanzen sind kürzer als auf den Wanderwegen, die so manchen Zick-Zack-Umweg einlegen. Auf einem unübersichtlichen Streckenabschnitt rufen mich meine steirischen Pilgerfreunde plötzlich von der Seite, wo sie sich ein Plätzchen zum

St. Gervais in Lectoure

Jausnen gesucht haben. Ich geselle mich zu ihnen und packe auch meine Jause aus. Sie bringen das Gespräch auf ein Skitourenlager, das vor einigen Jahren am Großen St. Bernhard stattgefunden hat, an dem ihre Tochter Elisabeth und mein verstorbener Sohn Michael teilgenommen haben. Mir verschlägt es die Sprache, dafür schießen mir die Tränen in die Augen. So plötzlich an eine Zeit erinnert zu werden, wo Michael noch am Leben und meine Welt vollkommen heil war, bringt mich hart an den Rand eines emotionalen Abgrunds. Ein Regenguss löst die mich überfordernde Situation plötzlich auf. Wir verabschieden uns hastig und weiter geht es nach Lectoure.

Lectoure ist eine Stadt mit keltischem Ursprung und von jeher eine Pilgerzentrale mit zahlreichen Hospizen. Die beeindruckende Kathedrale Saint Gervais, die an der Stelle eines römischen Tempels erbaut wurde, überragt mit ihrem Turm die Stadt. In der Kathedrale treffe ich meine steirischen Freunde wieder und wir stellen fest, dass wir auch heute Abend wieder im selben Quartier in La Romieu sein werden. Beim Weg aus der Stadt trennen sich unsere Wege, weil der Herr Kammeramtsdirektor andere Vorstellungen von der richtigen Wegführung hat als ich. Diesmal erweist sich meine Variante als die richtige. Ich bleibe heute dem Asphalt treu und spa-

re dadurch 6 km gegenüber dem GR 65. Dafür nehme ich den 5 km langen Umweg über La Romieu. Dort gibt es eine für den kleinen Ort überdimensionale Stiftskirche aus dem 14. Jahrhundert mit einem bemerkenswerten Kreuzgang. Ungewohnt früh für meine Verhältnisse bin ich bereits um 16.30 Uhr im Quartier. Es ist ein altes Privathaus, von Einheimischen geführt. Ein großer Schäferhund sorgt dafür, dass ungebetene Gäste fernbleiben. Das wird meinen steirischen Freunden nicht unbedingt gefallen. Ich nutze die Zeit, um mir die Kathedrale Saint-Pierre anzusehen. Man betritt sie über das Touristenbüro, wo man auch den Eintritt bezahlen muss. Im Unterschied zu vielen anderen Kirchen ist das Innere von Saint-Pierre stimmungsvoll gestaltet. Kirchenmusik aus dem Hintergrund und der mit Blumen geschmückte Sakralraum laden zum Verweilen und Besinnen ein. Ich klettere auf den Turm, wo man einen guten Rundblick auf das weite Land hat. Der eiskalte Wind treibt mich aber bald wieder hinunter.
Die Hausleute, wo ich übernachten werde, bieten keine Halbpension an, sie verweisen mich und die mittlerweile eingetroffenen Steirer in das einzige Restaurant des Ortes, das trotz Ruhetages für Pilger ein Abendessen anbietet. An unserem Tisch sitzen noch zwei Deutsche, die mit einer organisierten Wanderreise unterwegs sind. Nach diesem gemütlichen Abend zu fünft ziehen wir uns in unser Quartier zurück. Angetan mit Anorak und eingeschalteter Heizdecke wird es noch eine gute Nacht.

28. April: Heute verabschiede ich mich von den Grazern. Sie sind in Figeac losgegangen und wollen nach zwei Wochen Wandern am Donnerstag zurück nach Hause. Außerdem ist ihr Tagesziel das 33 km entfernte Montréal du Gers. Heute ist zwar erst Dienstag, aber ich habe meinen Wochenplan wieder einmal darauf ausgerichtet, dass ich am Samstagabend in einem größeren Ort bin, um die Vorabendmesse zu besuchen. Gerade als Jakobspilger ist mir das Mitfeiern einer Sonntagsmesse wichtig. So ist meine Planung auf Arthez de Béarn ausgerichtet, das ich am Samstagnachmittag erreichen möchte. Deshalb plane ich, nach Montréal du Gers noch ein paar Kilometer anzuhängen. Es hat die Nacht über stark geregnet und so versuche ich es gar nicht auf den Wanderwegen. Jetzt bieten Sonne und Schauer viel Abwechslung: Regenkleidung an, Regenkleidung aus und so weiter. Auf der Asphaltstraße erreiche ich rasch den schönen Ort mit dem orginellen Namen: Condom. Der Name war dieser in der keltischen Zeit gegründeten Stadt schon zu eigen, bevor die uns bekannte alternative Be-

Wehrdorf Larresingle

deutung Verbreitung gefunden hat. In der beeindruckenden spätgotischen Kathedrale lasse ich meine Schirmmütze, die mir sowohl bei Regen als auch bei Sonne gute Dienste geleistet hat, zurück. Nicht als Opfer, sondern aus Vergesslichkeit. Schön langsam geht mein Bargeld zur Neige. Nach einigen erfolglosen Versuchen, an verschiedenen Bankomaten Geld abzuheben, wende ich mich direkt an eine Bank, doch auch dort kann man mir nicht helfen. Die Karte muss einen Defekt haben. Ich habe zwar auch eine Kreditkarte, aber die Kreditkartenfirma verlangt jedesmal fünf Prozent der behobenen Summe. Ich werde sie also sparsam gebrauchen.

Da das Wetter schön geworden ist, versuche ich es nach Condom – und andere Pilger mit mir – wieder einmal mit dem Wanderweg. Spätestens beim Dorf Larressingle brechen aber alle, also auch ich, ab und flüchten auf die Asphaltstraße. Man muss ja nicht unbedingt Vergnügen beim Wandern verspüren, aber wenn man nicht mehr weiß, wohin man steigen soll, leidet die Gelassenheit, die dem Pilger so gut anstünde.

Larresingle, auch Carcassonne du Gers genannt, ist übrigens eines der besterhaltenen befestigten Dörfer aus dem Mittelalter der Region. Allerdings wirkt es auf mich eher wie ein Museum mit Andenkenläden als ein im Alltag funktionierendes Gemeinwesen. Dort treffe ich auch meine steirischen Freunde wieder. Da wir uns aber schon ausgiebig verabschiedet haben, steht uns nicht der Sinn nach einer Wiederholung dieser Zeremonie. Ich bleibe also auf der Asphaltstraße, die teilweise durch endlose Geraden die Langmut eines Pilgers auf die Probe zu stellen vermag. Ab Montréal du Gers, wo die zwei steirischen Pilger bleiben werden, gehe ich noch rund 10 km nach Lamothe. Dort hat sich der Schwabe Fritz neben einem alten

Wachturm ein Haus gekauft, es renoviert und eine Herberge eröffnet. Fritz war psychiatrischer Krankenpfleger, der mit zarten 50 Jahren hier ein zweites Leben begonnen hat. Fritz hat durch seine vielen Weitwanderungen und Pilgerfahrten sehr viel Erfahrung mitgebracht, wie es in einer Herberge aussehen soll und er hat sie perfekt umgesetzt. Mit mir sind noch ein schwäbisches Paar und ein junger Kanadier zu Gast. Fritz verblüfft uns durch seine bescheidenen Koch- und Französischkenntnisse: Er ist stolz darauf, nur einen Eintopf kochen zu können. Den dürfen wir dann ausgiebig hineinschaufeln, denn er ist gut und reichlich. Ich frage mich nur: Setzt er jeden Abend seinen Gästen denselben Eintopf vor und was isst er selbst? Bei den Französischkenntnissen muss man ihm zubilligen, dass er sich nach seiner Aussage bemüht und einen Sprachkurs belegt hat.
Die „Teflonschicht" in seinem Kopf sei in seinem Alter schon zu dick, sagt Fritz, sodass er den Kurs bald wieder aufgegeben hat. Ich bewundere seinen grenzenlosen Mut, Herbergswirt in Frankreich ohne ausreichende Französisch- und Kochkenntnisse zu sein. Fritz unterhält uns den ganzen Abend mit den Berichten von seinen Wanderungen und zeigt uns auch gleich die zugehörigen Fotos am PC. Vom Camino Norte, den ja auch ich gehen will, ist er total begeistert. Er gibt uns allen auch wertvolle Tipps für den Weiterweg. So hilft er mir auch bei den zwei Fragen, die mich beschäftigen: Für die Bahnfahrt nach Lourdes mache ich im Internet eine Abfrage bei den Staatsbahnen SNCF und stelle fest, dass ich in einem der nächsten Orte Aire-sur-l'Adour am kommenden Donnerstag um 12.45 Uhr einen Zug nach Lourdes habe. Für die Route vom GR 65 zum Atlantik empfiehlt er mir die Autostraßen, denn der auch mögliche Pyrenäenweitwanderweg ab St. Jean Pied de Port wäre ein Umweg von mindestens einem Tag. Dann geht es ans Bezahlen. Fritz huldigt der hehren Philosophie, dass die Wanderherbergen kein Entgelt verlangen dürfen, sondern sich aus den Spenden finanzieren müssen. Also gebe ich ihm eine Spende. Bei mir ist er damit sicher nicht schlechter gefahren. Der Besuch dieser Herberge lohnt allein schon wegen des Herbergswirtes, einem Original, wie man es suchen muss. Hochbefriedigt gehe ich schlafen. Ich habe sogar einen eigenen Schlafraum, weil in der Herberge heute so wenige Pilger sind. Nur die Entwicklung meiner Verkühlung macht mir zu schaffen. Immer, wenn ich mich zu meinem Rucksack bücke, melden sich meine Kiefer- und Stirnhöhlen mit einem aufdringlichen pochenden Schmerz. Kann es mir passieren, dass ich wegen so einer „Kleinigkeit" abbrechen muss?

29. April: Es regnet schon den fünften Tag in Folge. Dabei habe ich angenommen, Schnürlregen gäbe es nur in Salzburg. Meine Stimmung entspricht dem Wetter. Fritz gibt letzte Anweisungen, welche Wege man nach Eauze nehmen soll. Ich höre bei seiner komplizierten Beschreibung gar nicht hin, weil ich ohnehin auf der Straße gehen werde. Einige Kilometer vor Eauze stoße ich auf eine stark befahrene Route. Das ist mir dann doch zu viel und ich biege auf gut Glück auf einen Spazierweg ein, der mich zufälligerweise wieder auf den GR 65 bringt. Auch die restliche Route stopple ich mir aus den spärlichen Skizzen, die ich besitze, zusammen. Ich nehme sogar einen Umweg in Kauf, um auf der Straße bleiben zu können. Das hätte ich mir noch vor einer Woche nicht träumen lassen. Zwischendurch ist es aber notwendig, wieder auf dem GR 65 zu gehen, um die richtige Regionalstraße zu erreichen. Die dafür erforderliche Schlammstapferei lässt mich den herrlichen, trockenen und festen Asphalt herbeisehnen.
Das Wetter bessert sich und im nächsten größeren Ort, Nogaro, kaufe ich mir eine Straßenkarte für Autofahrer. Jetzt, wo ich neuer begeisterter Verkehrsteilnehmer bin, wenn auch der langsamste, will ich auch gut informiert sein. Ich habe mir eine Herberge in der Einschicht, Maison Labarbe – ungefähr 8 km nach Nogaro – als Nachtquartier ausgesucht. Das letzte Stück dorthin muss ich wieder den GR 65 gehen, dieses Mal kein Problem, weil es sich um einen festen Güterweg handelt. Heute habe ich den ganzen Tag weder Wanderer noch Pilger gesehen, aber das wird wohl auch mit meiner eigenwilligen Wegkomposition zusammenhängen.

Pilgerherberge Maison Labarbe bei Nogaro

Die ausgewählte Herberge ist eine Gite rural, also eine Herberge in einem Bauernhaus. Der Herbergswirt zeigt mir alles und fragt nach meinen Esenswünschen. Die Herberge ist romantisch, gemütlich und sauber. Ich habe es wieder einmal vortrefflich erwischt. Der Gastgeber bringt mir das Abendessen und gleichzeitig das Frühstück. Es ist ländlich deftig, gut zubereitet und für zwei Personen ausreichend. Ich bin zwar allein, versuche aber dennoch, die in mich gesetzten Erwartungen zu erfüllen. Leichte Zweifel kommen mir aber doch, ob es meiner Verkühlung gut bekommt, mir den Bauch so vollzuschlagen. Da ich ganz allein bin, habe ich ausreichend Zeit für meine Planungen. Ich habe mit Sissy, meiner Frau, ausgemacht, dass sie am 19. Mai nach Santander mit dem Flugzeug nachkommt, damit wir das letzte Stück nach Santiago gemeinsam gehen können. Heute plane ich die Strecke anhand der neu gekauften Straßenkarte nach Santander durch. Ich sehe dabei, dass ich zwei Reservetage zur Verfügung habe, wenn ich mich vor St. Jean Pied de Port Richtung Küste schlage. Deshalb beschließe ich auch, morgen jedenfalls den Abstecher nach Lourdes in Angriff zu nehmen. Das heißt, ich muss um 12.30 Uhr spätestens in Aire-sur-l'Adour sein, um den Zug zu erwischen.

30. April: Meine Verkühlung ist schlimm wie am Vortag und mir bleibt nichts anderes übrig, als auf eine Wende in Lourdes zu hoffen. Ich komme ins Freie und freue mich über das schöne Wetter und den putzigen Hof, den ich heute Nacht ganz für mich allein hatte.
Als ich losziehe, muss ich durch einen Wald mit dichtem Unterholz und schlammigen Pfaden. Das heißt, das Ausweichen bei den vielen Pfützen ist nur bedingt möglich. Ich übe mich also im Schlammtempelhüpfen. Plötzlich höre ich hinter mir allmählich näherkommendes lautes Singen und Platschen. Es sind fünf Franzosen, drei Männer und zwei Frauen, die voll Begeisterung durch den Schlamm gewatet kommen, als wäre es frisch gefallener lockerer Schnee. Sie sind zwar alle mit Gamaschen bis zu den Knien hinauf geschützt, aber so zu tun, als gäbe es den Schlamm nicht, finde ich verwegen. Sie überholen mich, wir wechseln ein paar Worte und weg sind sie, denn ich bleibe bei meinem viel langsameren Tempelhüpfen. Nach einer Biegung stehen die fünf da und warten auf mich. Wie ich auf ihrer Höhe bin, singen sie mir das alte Pilgerlied „Ultreia". Es besingt die Mühen und Freuden der Jakobspilger, die stets münden in das „Immer weiter". Ich bin sprachlos, gerührt und erfreut. Recht viel mehr als „Merci"

Schlammpfade vor Aire-sur-l'Adour

bringe ich nicht heraus. Zu gerne hätte ich das in Bild und Ton festgehalten, wie fünf schlammgetunkte Jakobspilger dieses Ständchen für mich geben. Dann ziehen sie weiter, aus dem Wald hinaus, wobei die Feldwege nicht viel besser zu beschreiten sind als die im Forst. Erstmals tauchen in der Ferne die tief verschneiten Pyrenäen als wunderbarer Rahmen für die Schlammlandschaft auf. Fast bin ich versucht, mich wieder in den Schnee zu wünschen, aber nur fast. Nach Barcelonne-du-Gers, dem Nachbarort von Aire-sur-l'Adour, nehme ich eine Abkürzung. Ob sie es tatsächlich ist, steht in den Sternen. Denn mein ursprünglich reich bemessenes Zeitbudget schmilzt unglaublich dahin. Ich bin um 12 Uhr in Aire-sur-l'Adour. Es ist nicht einfach, den Bahnhof zu finden, ich muss vom Stadtzentrum wieder ein Stück in die Vorstadt zurück. Dort angekommen, glaube ich, meinen Augen nicht zu trauen. Der Bahnhof schickt sich an, zur Ruine zu verkommen, und ist von allen Seiten gesperrt. Da wird mir klar, dass es nichts mit einer Bahnfahrt nach Lourdes wird. Gleich gegenüber ist eine Bushaltestelle. Ich benötige einen Bus nach Pau. Das ist die Provinzhauptstadt auf der halben Strecke nach Lourdes. Ein Bus fährt aber erst morgen Nachmittag.

Ich bin sehr enttäuscht und verfalle in Lethargie. Es freut mich heute einfach nicht mehr weiterzugehen, und einen passenden Zielort für den Abend finde ich auch nicht. Ich gehe wieder zum Stadtzentrum, wo ich die fünf französischen Schlammspezialisten treffe. Die Gamaschen sind weg. Keine Ahnung, was sie damit gemacht haben. Jedenfalls wirken sie jetzt sehr sauber. Ich klage ihnen mein Leid. Der Busfahrplan eröffnet aber auch ihnen keine neuen Weisheiten. Also Adieu, liebe Madames et Messieurs, und

wieder zurück zum Stadtzentrum. Dort lungere ich im Park herum, bis das Touristenbüro aufsperrt, und frage nach einem Leihauto. Dieses kann ich mir nach einigen Schwierigkeiten wegen der Kaution, die unbedingt bar hinterlegt werden muss, und dem morgigen Feiertag, an dem ich das Auto wieder zurückbringen möchte, bei einer nahen Autovermietung besorgen. Los geht es also in Richtung Pau. Dort angelangt, verlasse ich mich darauf, dass Lourdes schon auf den Wegweisern angeschrieben sein wird. Das ist nicht der Fall, und so irre ich geraume Zeit auf den Ausfallstraßen umher, bis ich die richtige finde. Dann hält mich endlich nichts mehr auf.
Ich komme nach rund eineinhalb Stunden in Lourdes an, nehme mir ein Zimmer in einem Zwei-Stern-Hotel. Dann ziehe ich durch die Fußgängerzone zum Erscheinungsort. In der den Fußgängern vorbehaltenen Hauptstraße reiht sich ein Andenken- und Devotionalienhandel an den anderen – alles blinkt und leuchtet. In der Erscheinungsbasilika suche ich die Erscheinungsgrotte, finde sie aber nicht. So verweile ich in der Kirche, die eindrucksvoll, aber doch ziemlich kitschig gestaltet ist. Draußen hat es mittlerweile stark zu regnen begonnen, und ich habe leider meine Regensachen im Hotel gelassen. Im Sprint erreiche ich das nächste Gebäude, wo Beichten in allen möglichen Sprachen abgenommen werden. Ich nehme das als Wink des Himmels und vertraue mich einem netten Deutschschweizer an. Dann sehe ich am Gottesdienstplan, dass morgen um 6 Uhr früh eine Messe auf Deutsch in der Grotte gehalten wird. Für heute habe ich genug erfahren, morgen ist auch noch ein Tag. Lourdes ohne Regenschutz bei strömenden Regen zu besichtigen, ist außerdem nicht lustig. Ich drücke mich eng an den Devotionalienhändlern vorbei. Nicht aus Zuneigung, sondern wegen dem Regen. Dann frage ich in der Apotheke nach Salz, denn im Zimmer habe ich heute noch etwas Besonderes vor. Jedenfalls kann ich jetzt zu Abend essen gehen und dann im Zimmer eine Radikaltherapie gegen meine Kieferhöhlenentzündung angehen – nämlich Aufschnupfen von konzentriertem Salzwasser. Ich habe diese Methode bisher immer entschieden als zu grauslich abgelehnt, aber jetzt greife ich zum letzten mir verbliebenen Mittel. Eigentlich ist es das vorletzte Mittel. Mein Schwiegersohn, ein ausgezeichneter Kinderarzt, hat mir nämlich per Telefon ausrichten lassen, ich solle in ein Krankenhaus gehen und mir Antibiotika verschreiben lassen. Davor habe ich aber zu große Angst, nämlich dass sie mich da behalten. Was würde dann aus meinem schönen Zeitplan? So geht der April und mein zweiter Monat auf Pilgerfahrt zu Ende.

1. Mai: Es hat die ganze Nacht durchgeregnet und beim Aufstehen um 5.30 Uhr schüttet es nach wie vor wie aus Kübeln. Diesmal weiß ich, was auf mich wartet und leihe mir vom Hotelportier einen Schirm aus. Ich bin ganz froh, dass ich bei diesem Wetter heute keine Pilgeretappe vor mir habe. Dann geht es die noch menschenleere Devotionalienstraße zum Erscheinungsort. Menschenleer stimmt nicht ganz, denn auf den Gehsteigen, teilweise unter Dach, teilweise aber auch im Regen, liegen und lungern Pilger, Wanderer, Obdachlose oder wer immer. Dieses Mal habe ich keine Schwierigkeiten mehr, die Erscheinungsgrotte zu finden. Ich muss einfach den Leuten nachgehen, die aus dem Dunkel auftauchen. Die Erscheinungsgrotte ist im Freien und auf der Rückseite der Basilika zu finden. Sie ist nahezu ursprünglich belassen und vielleicht gerade deshalb wesentlich eindrucksvoller als die riesige, kostspielig verzierte Kirche. Der Zugang zur Grotte ist durch Barrieren abgesperrt. Durch dürfen nur die Gruppen, welche für die jeweilige Messe angemeldet sind. Heute ist für eine Südtiroler Gruppe reserviert. Aber auch viele andere deutschsprechende Pilger und mehrere konzelebrierende Geistliche sind da. Zuerst wird mir, wie auch anderen, der Zugang verwehrt. Dann hat der Ordner Erbarmen, zumal viele einfach über die Barrieren steigen und er offensichtlich kapituliert.
Es ist eine Atmosphäre beim Gottesdienst, wie ich sie noch nie erlebt habe. Die zelebrierenden Priester im Inneren der Grotte sind gegen die Nässe durch den überhängenden Felsen so recht und schlecht geschützt. Aber je weiter außen man ist, desto nasser wird es. Nicht nur der Regen, sondern auch das von den Felsen herunterrinnende Wasser tragen dazu bei. Die Gläubigen, teils mit, teils ohne Schirm, sind von Dunkelheit und Nässe völlig unbeeindruckt. Sie drängen sich um die Grotte und feiern und singen voller Inbrunst mit. Nach dem Pilgergottesdienst in Le Puy war dies der zweite geistliche Höhepunkt meiner Pilgerreise.
Nach dem Gottesdienst trinke ich noch von dem Lourdeswasser. Vielleicht hilft es mir ja doch für meine Stirn- und Kieferhöhlen? Dann gehe ich ins Hotel und frühstücke ausgiebig. Ich bedaure nicht, jetzt schon wieder fahren zu müssen. Das Wesentliche habe ich gesehen und erlebt und die Lust nach mehr wäscht der permanente Regen weg. Die Fahrt zurück nach Aire-sur-l'Adour verläuft an diesem Feiertagmorgen ohne Probleme. Ich bin also pünktlich um 10 Uhr gestellt, um das Auto zurückzugeben. Weiter geht es nach diesem spannenden Abstecher auf dem Jakobsweg.

Romanische Kirche vor Pimbo

Das Wetter hat sich gebessert. Die nun folgende Route geht an einem verträumten See idyllisch, aber auch aufregend entlang, denn der Uferweg steht halb unter Wasser und halb unter Schlamm. Der Tiefpunkt des Tages kommt anschließend. Es wird eine Autobahn gebaut und Weg und Wegmarkierung sind nicht mehr vorhanden. Ich muss all meine Erfahrungen in Geländegängigkeit auspacken, um über die heute glücklicherweise verlassene Baustelle zu kommen. Eine steile Böschung, auf der ich nicht weiß, wie im Schlamm Halt zu finden ist, und ein Baustellenmorast, wo man die Stellen erraten muss, bei denen man nicht zu tief einsinkt, sind die Hindernisse, die über mein Weiterkommen entscheiden. Ich schaffe es mit großer Mühe. Am anschließenden Weg ist natürlich keine Markierung zu sehen, der GR 65 muss irgendwo anders herausgekommen sein. Ich lasse mich dadurch nicht beirren, gehe einfach weiter und siehe da, irgendwann taucht der GR 65 wieder auf.

Ich komme an zwei beeindruckenden romanischen Kirchen aus dem 11. und 12. Jahrhundert vorbei und erreiche das reizende Dörfchen Pimbo. Dort habe ich wieder ein Zimmer in einem Privathaus reserviert. Die Gastgeberin ist sehr auf ihre Einrichtung bedacht. Von den nassen Sachen darf ich nichts mit ins Zimmer nehmen, geschweige denn, dass mir dort etwas aufzuhängen erlaubt wäre. Im Nebenzimmer ist ein anderer Jakobspilger, Alain aus dem Burgund, abgestiegen. Er ist passionierter Maler. Alain – er ist so alt wie ich – plaudert sehr nett mit mir, sodass ich vieles verstehen und ab und zu sogar selbst ein Wort in die Konversation einbringen kann. Aber bald zieht sich jeder in sein Zimmer zurück.

2. Mai: Am Samstagmorgen frühstücken wir noch gemeinsam, Alain ist schon fix und fertig zum Gehen und dann auch gleich weg. Ich lasse mir Zeit. Heute möchte ich laut Wochenplan abends in Arthez-de-Béarn sein, weil ich mir ausrechne, dass es dort eine Sonntag-Vorabendmesse gibt. Es ist endlich wieder einmal ein schöner Tag. Gleich nach Arzacq-Arraziguet komme ich an einen kleinen Stausee. Dort, wo man ihn benötigt, ist häufig kein Wegweiser. So weiß ich beim See nicht, ob rechts oder links herum. Ich bin zu faul, um den Rucksack schon wieder herunterzuholen und im Führer nachzuschauen und gehe rechts. Bald merke ich, dass ich den falschen Weg eingeschlagen habe. Nach Befragung der Straßenkarte stelle ich aber fest, dass ich glücklicherweise auch so mein Ziel erreichen werde. In Fichous-Riumayou stoße ich bei der romanischen Kirche wieder auf den GR 65. Zufrieden mit mir mache ich Mittagspause. Nach dem Essen treffe ich auch den Maler Alain wieder, der vorschriftsmäßig den Wanderweg ausgegangen ist. Die nächsten zwei Stunden bis zu seinem Tagesziel Pomps unterhalten wir uns über dies und das, natürlich auf Französisch. Nach Pomps treffe ich auf einen im Gras liegenden Pilger, der mir bekannt vorkommt. Es ist Vincent, ein Kanadier, den ich in der Herberge des Schwaben Fritz das erste Mal gesehen habe. Die nächsten 12 km bis zum Tagesziel Arthez-de-Béarn unterhalten wir uns auf Englisch. Meine Gesprächspartner tun sich in ihrer Muttersprache ja leicht, meine kleinen grauen Zellen aber sind ganz schön in Anspruch genommen. So genieße ich zwar die schöne hügelige Gegend, mit Wäldern, Wiesen und kleinen Dörfern. Auf den Wegverlauf achte ich aber nicht besonders, weil ich mich sehr auf die Unterhaltungen konzentriere. Vincent, der Anfang 20 ist, erstaunt mich durch die Aussage, Regenwetter sei für ihn normal. Wenn einmal die Sonne scheine, dann freue er sich. Er verstehe außerdem nicht, warum so manche Pilger immer etwas auszusetzen hätten, es gäbe so vieles am Wegesrand, was Freude bereite. Ich nehme mir diese Worte voll Weisheit eines jungen Mannes zu Herzen. Denn ich muss schon eingestehen, dass mich fünf Tage Regen hintereinander und dazu mein Schnupfen verdrießlich gestimmt haben. Apropos, letzterer wird deutlich besser. Die widerliche Radikalkur des Salzwasserschnupfens hat also doch etwas für sich. Oder war es der Besuch von Lourdes?

Plaudernd erreichen wir wieder einmal eine Stadt auf dem Berge, Arthez-de-Béarn. Sie zieht sich über einen lang gestreckten Hügel. Wir wollen beide in der Herberge absteigen. Vorher schaue ich noch in der

Anlage zum Wäschewaschen in der Gascogne

Kirche vorbei, um zu sehen, ob ich meine Wochenplanung zu Recht auf die Vorabendmesse in diesem Ort ausgerichtet habe. Ja, die Messe beginnt um 19 Uhr. Am Sonntagvormittag gibt es dafür keine. Der Greißler hat bis 18 Uhr offen. Es ist 17.40 Uhr und das Timing passt perfekt. Ich checke schnell bei der Herbergswirtin ein, dann möchte ich noch einkaufen gehen, denn in der Herberge muss ich mir mein Frühstück selber machen und dafür einiges besorgen. Ich bezahle also meinen Obulus für das Übernachten in der Herberge, bekomme den Pilgerstempel und mache mich auf, einkaufen zu gehen. Doch halt, wo ist meine Lesebrille? Zum Einkaufen brauche ich sie. Ich durchsuche meinen Rucksack, aber sie ist nicht zu finden. Schön langsam werde ich nervös. Ich habe doch vor, bald vom GR 65 abzuweichen und anhand der Straßenkarte an die Atlantikküste hinauszugehen. Ohne Lesebrille bin ich beim Kartenlesen bei schlechtem Licht chancenlos. Ich gehe in mich und sehe mich vor meinem inneren Auge bei einer Rast neben anderen Utensilien auch die Brille ausgepackt und auf ein Gartenmäuerchen gelegt zu haben. Ich bilde mir auch genau ein zu wissen, wo ich heute diese Rast gemacht habe. Ich muss unbedingt dorthin zurück. Aber am Nachmittag bin ich rund fünf Stunden gegangen. Zu Fuß ist das heute unmöglich noch einmal zu schaffen. Die Herbergswirtin kann mich nicht fahren, da kommt ein deutscher Radfahrpilger, Ludwig, mit seiner Freundin an. Ich stürze mich auf ihn und frage ihn, ob ich mir sein Rad leihen kann, um die Brille zu holen. „Ja, das kannst du schon haben", meint er und fragt, wohin ich denn fahren müsse. Ich zeige ihm den Ort meiner Mittagspause auf der Karte und er fragt, ob mir

bewusst sei, dass das mehr als 20 km seien und es hügelauf, hügelab ginge. „Ja", sage ich, „das ist mir bewusst, aber ich habe keine andere Wahl." Ich stecke noch schnell die Straßenkarte ein. Die Brieftasche habe ich hinten in der Hose verstaut und dann geht es los. Den Berg, auf dem Arthez liegt, sause ich hinunter. Dann wird mir klar, dass ich hier ja gar nicht heraufgekommen bin. Jetzt muss ich doch stehen bleiben und auf die Straßenkarte schauen. Ja, ich bin woanders hinuntergefahren, aber ich kann mit einem Umweg wieder dorthin zurück, wo der GR 65 entlang führt. Ich will mich nicht zu sehr darüber auslassen. Jedenfalls fahre ich verschiedene Streckenabschnitte mehrmals vor und zurück, weil ich mir nicht mehr sicher bin. Schweißgebadet und gestresst komme ich im Ort meiner Mittagspause an. Das Jausenplatzerl, das ich vor meinem inneren Auge immer noch vor mir habe, hat es jedenfalls heute Nachmittag nicht gegeben – vielleicht vor ein oder zwei Tagen. Ich bin nun schon so lange unterwegs, dass mir die einzelnen Wegepunkte etwas durcheinander geraten. Jetzt bin ich fast zwei Stunden wie ein Wilder mit dem Fahrrad herumgekurvt und alles war umsonst. Die Abendmesse habe ich versäumt, fürs Frühstück habe ich nichts eingekauft und wer weiß, ob ich überhaupt noch ein Abendessen bekomme. Jedenfalls habe ich es beim Zurückfahren nicht mehr so eilig und kann wieder ein bisschen die Landschaft beim Sonnenuntergang genießen.
Ludwig, der sich vermutlich schon Sorgen um sein Fahrrad gemacht hat, erwartet mich bereits, als ich um 21 Uhr in der Herberge ankomme. Er hat sich eine Flasche Wein aus der Region besorgt, um mit mir auf die wiedergefundene Brille anzustoßen. Ich berichte ihm von meinem Misserfolg und sage ihm, dass ich erst noch Abendessen sollte. Er beschreibt mir ein Lokal, wo ich als letzter Gast noch ein bescheidenes Pilgermenü erhalte und meinen Durst bei einem großen Bier stille. Dann will ich zahlen und greife nach meiner Brieftasche. Da ist doch noch etwas, das bei der Brieftasche steckt, denke ich mir. Ja, es ist die Brille! In der Eile, um nach dem Bezahlen der Herberge noch rechtzeitig zum Einkaufen zu kommen, muss ich sie in die Gesäßtasche zur Geldbörse gesteckt haben. Ich bin also rund drei Stunden wie verrückt mit dem Fahrrad herumgefahren, um die Brille zu suchen, die ich tatsächlich immer bei mir getragen hatte. Ich muss über mich selbst lachen und bin erleichtert, dass sie wieder da ist. Ich trinke dann mit Ludwig, der auf mich gewartet hat, noch die Flasche Wein in der Herberge aus. Es gibt ja doch noch etwas zu feiern und lustig ist die Geschichte auch, wenn auch nicht besonders schmeichelhaft für mich.

Abtei Sauvelade

3. Mai: Am Morgen esse ich das, was mein Rucksack an Essbarem noch hergibt. Viel ist es nicht und so breche ich bald auf. Ich werde in zwei Orten vorbeikommen, Argagnon und Maslacq, wo ich vielleicht noch die Chance auf eine Sonntagsmesse habe. Beim Verlassen des Ortes Arthez gehe ich ein Stück mit einem neuen Pilgerbekannten Willi. Er ist in Bern losgegangen und geht bis Santiago durch, will aber dann auch zu Fuß wieder zurück. Er rechnet damit, im September wieder zu Hause zu sein.
In Argagnon kommen wir an der Kirche vorbei. Da ist alles ausgestorben, keine Chance auf eine Sonntagsmesse. Bald darauf erreichen wir Maslacq. Willi und ich setzen uns in eine Bar, trinken zusammen Kaffee und plaudern. Willi weiß, dass ich nach Lourdes wollte. Ich bin überrascht und frage, woher er das weiß. „Von den drei Musketieren", lautet seine Antwort, „die musst du doch schon getroffen haben." Ich kann mich beim besten Willen nicht erinnern.
Da ist vom 500 m entfernten Kirchturm das Zusammenläuten für die Sonntagsmesse zu hören. Wie heißt es so schön: Jeder Zufall ist ein Lächeln Gottes. Da die Messe erst in einer halben Stunde beginnt, gehe ich in der Zwischenzeit einkaufen. In Frankreich haben Geschäfte häufig am Sonntag offen, dafür ist am Montag alles zu. Willi marschiert weiter.
Nach dem Mitfeiern der Messe geht es hügelab, hügelauf weiter. Bei der Abtei von Sauvelade treffe ich die drei Franzosen wieder, die ich beim Schlammstapfen bewundert habe und die mir dann, da waren sie noch

fünf, das Ständchen mit „Ultreia" gesungen haben. Da fällt es mir wie Schuppen von den Augen: Das sind die drei Musketiere! Wir freuen uns über das Wiedersehen und verabreden uns zum Abendessen in einem Hotel. Ich übernachte heute das letzte Mal auf dem GR 65 und da gönne ich mir wieder mal ein ordentliches Zimmer.
In Navarrenx beziehe ich im Zwei-Stern-Hotel *du Commerce Logis,* das einem Drei-Stern-Standard alle Ehre gemacht hätte. Deshalb erschüttert mich auch der Preis von 72 Euro nicht. Die drei Musketiere, sie heißen Christian, Jaques und Pierre, kommen wie vereinbart zum Abendessen. Sie sind Ende Fünfzig und wurden, wie viele andere in Frankreich, in Frühpension geschickt. Deshalb haben sie viel Zeit zum Pilgern. Sie wollen auch Anfang Juni in Santiago sein. Wir hoffen alle auf ein Wiedersehen und beschließen diesen geselligen Abend mit einem guten Glas Wein.

4. Mai: Während ich frühstücke, schauen die drei Musketiere noch einmal vorbei, um sich zu verabschieden. Ich bin richtig gerührt über diese Aufmerksamkeit. Das ist eine wesentliche Qualität des Wanderns am Jakobsweg: Freunde zu finden, auch wenn es nur für kurze Zeit ist. Zu Beginn meines heutigen Marsches spaziere ich noch ein wenig auf den mächtigen Mauern der gut erhaltenen Festung herum. Nach 13 km überquere ich den Fluss Le Saison und bin damit im Baskenland. Drei der sieben baskischen Provinzen liegen in Frankreich. Die baskische Sprache weist keinerlei Ähnlichkeit mit den indogermanischen Sprachen auf. Die Ortstafeln sind alle zweisprachig. Die Beschilderung der Läden erfolgt aber meistens nur in Baskisch. Da muss ich anhand der Auslagen raten, was hier feilgeboten wird. Die Häuser und Dörfer sind schmuck, sauber und traditionsbewusst gehalten.
Die Kirchen wirken auf mich eigenartig, aber sehr stimmungsvoll. Außen ähneln sie häufig einer Burganlage. Im dunklen Inneren gibt es an den Seitenwänden mehrere Balkone übereinander und prachtvolle Altarwände. Das heißt, es gibt nicht nur einen schönen Altar, sondern die gesamte Altarwand ist – wiederum in verschiedenen Etagen – mit Heiligenfiguren, Darstellungen aus dem Leben Christi und Ähnlichem reich gestaltet.
Zu Mittag treffe ich die Musketiere wieder, die sich gerade in eine kleine Kirche zur Jause zurückziehen. Bei Regen scheint das sehr beliebt zu sein, denn die Kirchen sind offen und trocken. Meinem Pietätsgefühl sagt das jedoch nicht zu und ich schließe mich daher nicht an.

Schloss bei Aroue

Kurz vor Aroue treffe ich den Kanadier Vincent wieder. Er erzählt mir, dass er sich vom abgezählten Budget der letzten Tage etwas gespart hat. Deshalb wird er heute Mittag in einem Restaurant speisen. So trennen wir uns. Ich gehe nach Aroue und schaue bei der dortigen Herberge vorbei. Es gibt im Freien einen überdachten Tisch, auf dem ich meinen essbaren Rucksackinhalt ausbreite. Da kommt Vincent, weil das von ihm angepeilte Restaurant geschlossen hat. Er wirkt nicht mehr so weise wie vor zwei Tagen, sondern richtiggehend säuerlich, weil ihm das gute Mittagessen entgangen ist. Ich biete ihm von meinen Karotten an. Ein wenig ist er damit getröstet. Am Nachmittag starte ich wieder einmal zwei Abkürzungsversuche. Beide gelingen, das heißt, ich komme letztlich dort an, wo ich hin will. Aber die Fehlversuche und überflüssigen Umwege bis dahin haben sicher zusätzliche 5 km zur normalen Wegvariante ergeben.
Um zu meinem heutigen Quartier zu gelangen, muss ich noch einen langgestreckten Höhenzug erklimmen, der schon zu den Ausläufern der Pyrenäen gehört. Endlich bin ich dort und wandere das allerletzte Stück auf dem GR 65 auf sanften Erhebungen. Die Vegetation ist karg und erinnert schon ein wenig ans Hochgebirge. Ich komme zur Soyarza-Kapelle, von der man eine wunderbare Sicht auf das umliegende Land hat. Gleich danach muss ich den GR 65 verlassen, um zum *Maison Haltzania,* wo ich schlafen möchte, zu kommen. Normalerweise gibt es Hinweisschilder zu den Herbergen und Privatquartieren. Hier ist davon nichts zu sehen. Es führen ausgetretene Spuren Richtung Norden, doch welche ist die richtige?

Es ist schon 19 Uhr und ich beschließe, kein Risiko einzugehen. Deshalb folge ich dem Pfad, der als einziger eine Markierung aufweist. Der wird schon irgendwohin führen. Ich komme tatsächlich immer weiter ins Tal und stelle fest, dass ich schon längst beim *Maison Haltzania* sein müsste, wenn der Weg der richtige gewesen wäre. Also trenne ich mich von der Markierung und schleppe mich wieder bergauf. Der heutige Tag hat es in sich. Endlich finde ich die angestrebte Unterkunft. Es ist ein altes Bauernhaus in der Einschicht, das von einem Pariser Juristen-Ehepaar liebevoll und ambitioniert restauriert wurde. Mein Zimmer mit Bad ist top und ich speise mit Madame und Monsieur sehr gepflegt zu Abend. Sie haben sieben Kinder und bisher acht Enkelkinder. Wir plaudern über Gott und die Welt. Noch einen Monat Frankreich und ich könnte mir glatt etwas auf meine Konversationskünste einbilden.

5. Mai: Der Dämpfer kommt gleich am Morgen beim Frühstück. Es gibt noch selbstgemachte Zitronen- und Pfirsichmarmelade, dann geht es ans Bezahlen. Ich verstehe quarante-cinq und blättere das Geld hin. Es ist Madame sichtlich peinlich, „non, quatre-vingt", also 80 Euro – fast doppelt so viel. Das mindert meine Begeisterung über das schöne Quartier und das nette Ehepaar entscheidend. Das ist ja mehr, als ich am Abend davor in einem sehr gepflegten Hotel bezahlt habe. Aber ein Pariser Ehepaar verlangt offensichtlich auch Pariser Preise.
Etwas wortkarg mache ich mich auf den Marsch. Das schöne Wetter und die Blumenpracht bringen mich bald wieder auf andere Gedanken. Ich habe rund 65 km bis zum Atlantik vor mir, die sich locker in zwei Tagen ausgehen müssten. Ich werde aufgrund meiner Straßenkarte nur entlang der Autostraßen wandern und suche mir dazu die niederrangigsten aus. Die Autostraßen haben auch den Vorteil, dass man sich nur schwer verlaufen kann. Selbst mir gelingt das heute nicht. Die Gegend bleibt hügelig und lieblich: Bauernhöfe, Wiesen, Wälder, kleine Dörfer.
Zu Mittag bin ich in Iholdy und benutze anschließend doch einen Wanderweg, mit dem Erfolg, dass bei einem Haus drei Hunde auf mich zu stürzen. Eine Frau, vermutlich die Besitzerin, versucht kurz, sie zurückzurufen, gibt es aber gleich wegen offensichtlicher Erfolglosigkeit auf und überlässt mich meinem Schicksal oder besser gesagt ihren drei Hunden. Mein Glück ist, dass auch diese drei alles andere als furchterregend sind und so lasse ich meine Stöcke hinter mir nachschleifen und gehe gelassen weiter.

Kirche von Itxassou

Zu den Orten mit den für indogermanische Zungen unaussprechlichen Namen Louhossoa und Itxassou kann ich in dem tief eingeschnittenen Tal nur eine hochrangige Straße benützen. Mühsam arbeite ich mich meistens im hohen Gras und auf weicher Erde am Bankett vorwärts, denn um mich in den starken Verkehr einzureihen, bin ich zu langsam und zu wenig risikofreudig. Endlich kann ich in eine Nebenstraße nach Itxassou, meinem heutigen Tagesziel, einbiegen. Der Ort ist zwischen den Hügeln in viel Natur hingestreut. So habe ich fast Schwierigkeiten, den Ortskern zu finden. Gleich dahinter ragen schon steile Pyrenäengipfel auf. Hier müsste es schön zu wandern sein.
Viele Übernachtungsmöglichkeiten kann ich bei meinem Rundgang nicht ausmachen, von Privatquartieren nehme ich aufgrund der letzten Erfahrungen vorläufig Abstand. Darum kehre ich in einem einfachen Hotel ein. Der Speisesaal ist voll. Wo kommen hier in der Einschicht nur all diese vielen Leute her? Vermutlich sind es Wanderer. Jakobspilger gibt es hier jedenfalls außer mir keine.

6. Mai: Der neue Tag verwöhnt mich mit Prachtwetter und einer wunderschönen Landschaft. Die Ausläufer der Pyrenäen sind teils schroff mit wilden Schluchten durchzogen, teils sanft mit Gras bekleidet.
Ich gehe eine kleine Straße über einen Sattel zum Dorf Espelette. Das scheint so eine Art baskisches Musterdorf zu sein. Schön zum Anschauen und Durchstreifen, aber leider auch voll mit Souvenir- und Kitschläden. Busse speien ihre menschliche Fracht aus. Hier hält es mich nicht lange.

Ich wollte eigentlich weiterhin Seitenstraßen benützen, auch um den Preis eines Umwegs. Aber die Fernstraße nach Saint Pée sur Nivelle verlockt mich mit der kürzesten Entfernung und einem breiten Randstreifen für Fußgänger und Radfahrer, auf dem ich mich sicher fühle. In Saint Pée halte ich meine Mittagsrast in einem Park für Kinder. Tisch und Bank sind dementsprechend winzig und daher für meine Größe etwas ungemütlich. Von Saint Pée sur Nivelle führt eine niederrangige Straße nach St. Jean de Luz, das ist der nächste Ort am Atlantik. Bevor die neue Straße gebaut wurde, war das sogar die Hauptverbindung zwischen der Küste und dem Landesinneren. Es war fast angenehmer auf der Fernstraße mit ihrem Randstreifen als auf der Regionalstraße. Hier ist es enger und immer wieder müssen Fahrzeuge wegen mir bremsen. Dafür ist die Route landschaftlich unbestritten schöner. Es geht einen Hügelrücken hinauf und ich erwarte, jeden Augenblick einen Blick auf den Atlantik werfen zu können. Aber immer, wenn ich auf einem Hügel bin, kommt noch eine Erhebung, und wie es endlich nachhaltig bergab geht, gibt es keine Sicht auf das Meer. Erst 50 m vorher sehe ich es das erste Mal in St. Jean de Luz.
Die Stadt verfügt über eine prachtvolle Kathedrale. Heute bei diesem schönen Wetter könnte man meinen, man sei irgendwo an der Riviera. An den Stränden gibt es viele Sonnenbadende und auch solche, die kurz in den blauen Ozean eintauchen. Ich gehe kreuz und quer durch die Stadt, lasse mir bei einem Friseur ein etwas gepflegteres Äußeres verpassen und schicke die französischen Karten, Führer und das Wörterbuch in einem Päckchen nach Hause. Von einem früheren Mitarbeiter bekomme ich einen Anruf

Pyrenäen vor Espelette

Strand von St. Jean de Luz

und höre, dass die Abteilung, die ich geleitet habe, in drei Bestandteile zerschlagen wird. Ganz gleichgültig lässt mich das noch nicht, aber es ist gut, weit weg zu sein.

St. Jean de Luz ist schön, aber ich möchte morgen nach San Sebastián kommen. Das sind wieder satte 40 km und deshalb ist es besser, wenn ich heute noch den einen und anderen Kilometer gehe. Weit ist es nicht in den kleinen Nachbarort Ciboure, wo ich ein bescheidenes Zimmer in einem Hotel mit unbescheidenen Preisen beziehe. Dummerweise lege ich meine Brille aufs Bett und setze mich darauf. Das hat sie nicht so gern und lässt ein Glas fallen. Ich klebe es mit Leukoplast wieder fest, das hält, aber im Restaurant möchte ich sie doch nicht aufsetzen. Also akzeptiere ich das Gebotene ohne langes Hinsehen. Es ist ein Meeresfrüchte-Salat und zwar ein ganz wildes Durcheinander. Ich bin froh, dass ich die Brille nicht aufhabe, denn wer weiß, ob ich die Meeresfrüchte sonst gegessen hätte. Aber meine bisherigen Aversionen gegen bestimmte Speisen gelten am Jakobsweg alle nicht mehr. Gegessen wird, was auf den Tisch kommt. Und siehe da, der Meeresfrüchtesalat schmeckt ausgezeichnet. So beschließe ich meinen letzten Abend in Frankreich mit gutem Essen und einem süffigen Glas Wein, aber wieder ziemlich einsam. Denn Wanderer oder Pilger sind hier um diese Zeit offensichtlich nicht unterwegs.

7. Mai: Heute ist alles grau in grau. Aber es ist wenigstens trocken. Mein nächstes Ziel ist der französische Grenzort Hendaye. An der Küste entlang führt eine Straße, auf der ich die weiten Ausblicke auf den Atlantik genieße. Die ersten Kilometer zeigen mir aber schon, dass hier die Autos und Lastkraftwagen in unerträglicher Weise dominieren. Also benütze ich die Gelegenheit, einem Radwegweiser zu folgen, der eine eigene Route nach Hendaye im Landesinneren verspricht. Mit Entsetzen nehme ich zur Kenntnis, dass das erste Stück nicht nach Westen, sondern eher wieder zurück nach Nordosten führt. Aber jetzt bin ich schon so weit auf der Radroute gegangen, dass ich auch dabei bleibe. Der Weg dreht sich dann schön langsam Richtung Westen und ich wandere durch das Landesinnere in der gewohnt sanften Landschaft mit Hügeln, Feldern und Wäldern. Für meinen Geschmack viel zu weit nördlich komme ich auf eine stark befahrene Hauptstraße, die anzeigt, dass nach ein paar Kilometern in südlicher Richtung Hendaye zu erreichen ist. Also heißt es doch wieder, sich in den Straßenverkehr einzureihen, oder besser gesagt, sich an ihm entlang zu schleichen. Die Zeit, die ich schon verbraucht habe, zeigt mir im Verhältnis zu meiner Planung laut Karte, dass ich wieder einmal einen Umweg gegangen bin. Wenigstens muss ich nicht mehr nach Hendaye, denn ich komme schon an die spanische Grenze und schlage mich ohne weitere Formalität hinüber. Nach Irun (dort, wo in meinem Führer die Beschreibung für den Camino Norte beginnt) sind es noch ein paar Kilometer durch Vorstadt und Industrielandschaft. Ich finde auch relativ rasch den Beginn der Markierung für den Camino Norte bei der Jakobsweg-Herberge. Nun heißt es, den ersten Berg zu erklimmen, der von den nicht Bergtauglichen am Camino Norte so gefürchtet wird. Sonst wäre diese Wegvariante sicher stärker frequentiert. Die wesentlich größere landschaftliche Schönheit des Camino Norte im Verhältnis zum viel begangenen Camino Francés im Landesinneren wird nämlich von niemandem bezweifelt. Aber es reiht sich ein Berg an den anderen. Das Unangenehme, jedoch für mich als Freund der Berge Attraktive, ist, dass zwischen den einzelnen Erhebungen Meeresbuchten liegen, sodass man immer wieder bis zu 500 Höhenmeter hinauf und hinunter muss. Deshalb ist nicht damit zu rechnen, dass der Camino Norte jemals den Ansturm an Pilgern erleben wird, wie er den Camino Francés seit Jahren heimsucht. Für mich und die anderen Pilger hier ist das aber kein Nachteil. Der Extremfall tritt sofort ein, denn von Irun mit Meereshöhe muss man auf den Berg Jaizkibel rund 500 Höhenmeter überwinden. In der Mitte lädt das Marienheiligtum Guadalupe zum Verweilen und Besinnen ein. Der Weg und die Landschaft über den langgezogenen Bergrücken des Jaizkibel begeistern mich. So habe ich mir den Küstenweg vorgestellt. Hier oben fühlt man sich aufgrund der spärlichen Vegetation, der Felsen und der Erhabenheit wirklich wie in den Bergen. Auf die schönen Blicke aufs Meer und die benachbarten Pyrenäen muss ich heute leider verzichten, denn ich schwimme in einer dicken Nebelsuppe. Nur ab und zu ist mir ein Tiefblick auf die anrollenden Wogen des Atlantik vergönnt. Meine Begeisterung steigert sich zur Verzückung, als ich den steilen Abstieg zum kleinen Hafenstädtchen Pasaia in Angriff nehme. Unter mir liegt eine Bucht, angeblich der größte natürliche Hafen des Baskenlandes, die nur über eine bedenklich schmale Einfahrt zu erreichen ist. Der Ort Pasaia schmiegt sich in zwei Ortsteilen an diese Bucht, wobei der erste, zu dem ich gerade heruntersteige, aus einem Bilderbuch stammen könnte. Mit Holzbalkons geschmückte Fischerhäuschen, durchzogen von engen Gassen, versetzen mich in längst vergangene Zeiten. Ich lasse mich mit einer kleinen Fähre für wenige Münzen an das andere Ufer bringen. Von der Meereshöhe geht es nun den nächsten Hügel hinan. Dieser ist aber viel niedriger als der Jaizkibel. Bis zu einem Leuchtturm führt eine für den Verkehr gesperrte Straße. Dann beginnt wieder ein Streckenabschnitt, wie er schöner nicht sein könnte: Schmale Wege führen an einer einsamen und daher naturbelassenen Steilküste mit bizarren Felsformationen entlang. Ich stoße aber immer wieder auf alte Pflasterungen und einmal sogar verfallene Brückenpfeiler, die zeigen, dass man hier schon in alten Zeiten entlanggegangen ist. Der Camino Norte mit dem anschließenden Camino Primitivo ist die erste Route, die von den Jakobspilgern begangen wurde. Denn das Landesinnere gehörte in den ersten Jahrhunderten noch zum Herrschaftsgebiet der Mauren. Deshalb findet man auf dieser Route auch ältere Kirchen und Bauwerke als am Camino Francés.

Immer wieder schweift mein Blick zum Meer hinunter, das mit seinen Wogen in weltaltem Rhythmus gegen die Felsen und Buchten donnert. Das Wetter ist zwar nicht besser geworden, aber da ich mich jetzt nicht mehr in so großer Höhe befinde, trübt der Nebel meine Sicht nicht mehr. Unvermittelt öffnet sich der Blick auf das darunterliegende San Sebastián – eine der schönsten Städte Europas, in der man noch dazu die besten Tapas bekommen soll. San Sebastián war in den napoleonischen Kriegen von den Franzosen besetzt. Die Besatzungstruppen leisteten derart hartnäckigen Widerstand, dass die spanischen, portugiesischen und britischen Befreier in ihrem Rachedurst die gesamte Stadt plünderten und in Brand steckten. Dieser unfassbaren Gräueltat der eigenen Leute verdankt die

Fischerdorf Pasaia

Stadt aber immerhin ein sehr einheitliches und überlegtes Stadtbild. Sie schmiegt sich um die 3 km breite Concha-Bucht (das heißt übersetzt „Muschel") mit sehr gepflegten Sandstränden. Donostia ist übrigens der baskische und San Sebastián der spanische Name der Stadt.
Donostia-San Sebastián empfängt mich nicht freundlich. Es ist schon später Nachmittag, ich habe einen guten Vierziger hinter mir und bin ein wenig geschlaucht. Ich halte Ausschau nach einem Hotel, kann aber nirgends eines finden. Ich bin müde und genervt und die Stadt erscheint ganz und gar nicht attraktiv. Endlich finde ich ein Hotel, aber – es ist voll. Wenigstens verweist mich die Rezeptionistin weiter in ein Viertel, in dem kleine Pensionen sein sollen. Also schöpfe ich wieder Hoffnung und finde auch bald eine Unterkunft. Die etwas sauertöpfische Vermieterin älteren Jahrgangs hat noch ein Vierbettzimmer frei. Deshalb berechnet sie mir auch einen höheren Preis. Aber ich will nicht mehr weitersuchen. Ich deponiere meinen Rucksack und ziehe dann los, um etwas zu Abend zu essen. Im Kopf spuken mir die angeblich besten Tapas ganz Spaniens herum, und nach kurzer Suche lasse ich mich an einer Bar im Verband eines Einkaufszentrums nieder, wo eine Fülle von leckeren Häppchen auf Interessenten wartet. Ich deute einfach auf dies und das, dazu lasse ich mir ein Glas Rioja geben. Die Tapas (ich weiß nicht, was ich da gegessen habe) sind wirklich so hervorragend, dass ich auf dies und das noch ein paar Mal deute. So gefällt mir Donostia-San Sebastián schon etwas besser.
Übrigens: Meine Kieferhöhlenentzündung ist schon deutlich besser, sodass ich meine Radikalkur des Salzwasserschnupfens reduzieren kann.

Von San Sebastián nach Santander (8. bis 17. Mai)

8. Mai: Gleich vor der Haustüre befindet sich die Kirche San Vicente. Ich lasse mich zu einer kleinen Morgenandacht nieder. Vor mir steht einer der prachtvollsten Altäre, die ich je gesehen habe. Aus dem Hintergrund tönt getragene, ernste Musik. Die Atmosphäre ist so ansprechend, dass es mir schwerfällt, doch endlich aufzubrechen. Aber es muss sein. Ultreia … immer weiter.

Beim Weiterwandern Richtung Westen sehe ich den Rest von Donostia-San Sebastián. Nun muss auch ich mich unter die Zeugen einreihen: Das ist eine der schönsten Städte Europas! Alles ist perfekt gepflegt und mit herrlichen Blumen geschmückt.

Schade, dass das Wetter heute wieder trüb ist. Aber diese wunderbare Bucht, das stetig anrollende Meer, die umliegenden Berge und die gepflegte Stadt sind auch mit unterlegtem Grauton wunderschön. Nach jeder Bucht kommt der obligate Anstieg. Es beginnt zu nieseln und zwar so fein und leicht, dass ich mir überlege, ob ich die Regenbekleidung überhaupt anziehen soll. Auf dem Berg Igeldo komme ich an einem vor dem Regen geschützten Stand vorbei, wo abgefülltes Wasser bereitsteht, ein Stempel zum Gebrauch einlädt und diverse schriftliche Informationen zum Jakobsweg entnommen werden können. Ich bleibe stehen und überlege, ob es sich lohnt, meinen Rucksack unter dem Regencape hervorzuholen. Denn es ist jedes Mal höchst schwierig, das Cape anschließend wieder über den Rucksack zu bekommen, wenn ich keine Hilfe habe. Da hat mich von gegenüber der Straße schon der Ausstatter des Standes erspäht und stürzt voll Begeisterung auf mich zu. Er stellt sich als José María vor und radebrecht sogar ganz brauchbar Deutsch. José María sieht sich als den Experten für den Camino Norte und hat schon viele Kommentare und Beschreibungen dazu verfasst. Er ist etwas in die Jahre gekommen, ich schätze ihn zwischen siebzig und achtzig. Er ist schon zehnmal den Jakobsweg in allen möglichen Varianten gegangen. In seiner Jugend hat er Berge in den Alpen, darunter Mont Blanc, Matterhorn und Eiger, bestiegen. Sein Gesprächsfluss will gar nicht mehr enden. Ich erhalte wertvolle Tipps zur Route, zum Beispiel, dass das Wasser überall unbedenklich trinkbar ist und dass die Herbergen eigentlich kostenlos sein müssten. Das Wetter be-

zeichnet er als typisch für diese Region: Ein feiner Regen, wo man zuerst glaubt, gar nicht richtig nass zu werden. Dabei bringen die tiefen Wolken unglaubliche Mengen an Wasser herunter. Ich bekomme noch einen Zettel, auf dem die wesentlichsten Informationen zu den folgenden Strecken, insbesondere zu den Herbergen in Spanisch angeführt sind. Zum Abschluss lasse ich mir von ihm eine Visitenkarte geben und bitte ihn, anrufen zu dürfen, wenn ich irgendwelche Probleme habe. Das sagt er sehr gerne zu. Ich ziehe im Nebel und Regen weiter, wodurch sich der Landschaftsgenuss doch etwas abschwächt. Das ändert sich aber schlagartig, als ich in die nächste Bucht heruntersteige. Hier liegt das reizende Fischerdorf Orio mit einer imposanten Kirche und engen Gassen.
Ich kehre in einem Restaurant ein. Es ist mein erstes Mittagessen in Spanien. Hier ist es üblich, dass drei bis vier Gänge mit mehreren Wahlmöglichkeiten sowie eine Flasche Wein und Kaffee im Menü-Preis inbegriffen sind. Ich bin sehr angetan von dieser Art der Gastronomie. Essen und Wein munden mir ausgezeichnet. Fast zu gut, denn Wein um die Mittagszeit bin ich noch nicht gewohnt.
Ich habe aber nur mehr einen kleinen Hügel und zwei Stunden Marsch bis zu meinem Tagesziel Zarautz, einem mondänen Badeort mit einer herrlichen Sandbucht. In der zwei bis drei Meter hohen Brandung tummeln sich Wellenreiter. Auch hier ist alles sehr gepflegt und mit vielen Blumen, Palmen und sonstigem Grün geschmückt. Heute habe ich aufgrund des Rates von José María beschlossen, wieder einmal eine Herberge

San Sebastián

zu nehmen. Hier gibt es nur eine Jugendherberge, wo es bei der Aufnahme recht militärisch zugeht. Der nette Mann in Uniform verweist mich dann in den obersten Stock, wo von den sechs Betten schon zwei belegt sind. Ein Mann und eine Frau halten hier ihr Nachmittagsschläfchen, leider schnarcht er lautstark. Das kann heute Nacht ja heiter werden! Ihre nasse Wäsche haben sie quer durch das Zimmer auf Wäscheleinen aufgehängt. Wenn ich ins Bad gehen will, muss ich jedes Mal ein paar Unterhosen zur Seite schieben. Ich mache einen Rundgang im Ort, der auch ein paar nette Altstadtgässchen sein Eigen nennt. Den Spaziergang am Strand breche ich bei diesem trüben, kalten Wetter gleich wieder ab, da die Gischt der gewaltig anrollenden Wellen bis auf die Strandpromenade spritzt. Dafür gibt es in einer Kirche eine Abendmesse, die ich mir trotz der ausschließlich baskischen Liturgiesprache nicht entgehen lasse.

9. Mai: Der Tag bringt endlich wieder schönes Wetter. Heute habe ich bis Deba nur 22 km vor mir. Das ist ja fast ein Ruhetag! Mehr ist nicht möglich, weil das nächste Quartier dann erst wieder 30 km entfernt zu finden ist. Es geht hügelauf, hügelab im Wechselspiel zwischen Bergen und Meer. Das Baskenland ist eine Reise wert. Alles ist sauber und überall wachsen Blumen. Hinein fügen sich die beeindruckenden Zeugen der Vergangenheit, gut erhaltene Ortskerne und Kirchen.
Ich komme durch das schmucke Hafen-Städtchen Zumaia, das mir einen kleinen Rundgang wert ist, zumal ich heute keine Zeitnot habe. Auf einer Anhöhe über Zumaia ist eine Wiese mit Tischen und Bänken als Rastplatz hergerichtet. Von hier hat man eine wunderbare Rundumsicht auf das Meer. Es sind heute viele Wanderer und Pilger unterwegs. Der Weg dreht sich ein wenig vom Meer weg. Im Dörfchen Itziar besichtige ich die Kirche und komme dabei mit zwei Amerikanerinnen ins Gespräch, die ein Stück des Camino Norte gehen. Sie bestaunen meine Schuhe und Waden, weil die nur wenig von Schlamm bespritzt sind. Wie ich denn das mache, fragen sie, worauf ich ihnen meine Erfahrung im Tempel- beziehungsweise Schlammhüpfen erkläre. Sie schauen ungläubig und weiter geht es nach Deba. Das ist wieder ein Badeort, der in einer paradiesischen Bucht mit einem herrlich langen Sandstrand gelegen ist.
Es gibt hier eine Herberge, die sechs Liegen aufweist, kein Warmwasser hat, dafür aber auch keine Kochgelegenheit anbietet. Das verraten mir zwei Pilger, die ich im Strandcafé treffe. Überraschenderweise ist der Run

Bucht von Deba

auf einen Herbergsplatz trotz der nicht berauschenden Bedingungen groß. Deshalb ist ein Ausweichquartier in einem 12 km entfernten Ort organisiert, zu dem man mit dem Auto abgeholt wird. Weder die eine, noch die andere Möglichkeit sagen mir zu, denn dann könnte ich die Vorabendmesse – heute ist ja wieder Samstag – nicht besuchen. Ich miete mich im einzigen zur Verfügung stehenden Hotel *Aisia Deba* ein. Das ist zwar Drei-Stern-Standard und für spanische Verhältnisse mit 66 Euro nicht gerade billig, aber ich habe schon größere Opfer auf mich genommen.
Die Abendmesse ist wieder auf Baskisch. Ich singe sogar mit, obwohl ich natürlich kein Wort von dem verstehe, was ich da von mir gebe. Ich habe vergebens nach einem Restaurant im Ort gesucht und so bleibt mir nichts anderes übrig, als im Hotel zu essen. Ich bereue es nicht. Beim Abendessen sitze ich gemütlich im Warmen mit Blick auf die anstürmenden Wellen des Meeres. Aus dem Hintergrund tönt gepflegte Musik. Das Essen wird prompt serviert und teuer ist es auch nicht. Der einzige Nachteil ist, dass ich alleine bin. Pilger ist sonst keiner so fein abgestiegen.

10. Mai: Der Morgen beginnt mit einem Platzregen, doch bald bessert sich das Wetter. Der Weg führt von hier für zwei bis drei Tage ins Landesinnere. Das Begehen der Pfade erfordert nun schon ganz beachtliche Fähigkeiten nicht nur im Schlammhüpfen, sondern auch im Dreckschlittern, wenn es bergauf oder bergab geht. Einer meiner früher einmal wasserdichten Wanderschuhe hat beschlossen, sich den dauernden Belastungen nicht mehr zu widersetzen – er hat ein Loch. Außerdem nähert sich das Profil der Sohlen dem Nullpunkt, was auf den rutschigen Wegen nicht unbedingt von Vorteil ist. Ich sehne mich daher schon nach dem neuen Paar Schuhe, das mir Sissy nach Santander mitbringen wird.

Kloster Cenaruzza

Die Landschaft ist lieblich und könnte auch in Ober- oder Niederösterreich liegen. Die langen Forststraßen und Wege sind aber nicht sehr abwechslungsreich. Hier am Camino Norte treffe ich vorwiegend weibliche Pilger jeder Alterskategorie, die sich – sofern verheiratet – von ihren Partnern für einige Wochen im Jahr Urlaub zum Begehen des Jakobsweges nehmen.

Die heutige Tagesetappe nach Cenaruzza ist mit 28 km bemessen, wenn man die Abkürzung nimmt, die mein Führer empfiehlt. Da ich gestern mit 22 km schon einen halben Ruhetag gehabt habe, gehe ich den markierten Jakobsweg aus und nehme die 5,5 km längere Strecke in Kauf. Ich bereue es nicht, denn die Landschaft und die Streckenführung sind wundervoll.

Im Ort Markina-Xemein stoße ich in der Kirche San Miguel auf eine der Merkwürdigkeiten, die heute niemand mehr erklären kann: Die Kirche ist um einen megalithischen Altar herum gebaut, der aus drei gigantischen Felsblöcken besteht und aus dem Hochmittelalter stammt.

Nun geht es die Schlammpfade noch bergauf zu meinem Tagesziel, dem Kloster Cenaruzza. Ich habe beschlossen, heute im Kloster um Quartier zu fragen, um nicht zum Luxuspilger zu verkommen. Das Kloster wurde im 10. Jahrhundert gegründet und war damals der einzige christliche Stützpunkt in den baskischen Küstenprovinzen. Das heutige Erscheinungsbild stammt aus dem 16. Jahrhundert. Die Zisterziensermönche sind Franzosen. Offensichtlich gibt es zu wenig fromme Spanier. Ich frage bei der Pforte nach einem Bett und werde von einem Mönch zu einem Raum unter der Kirche geführt, der den Pilgern zur Verfügung steht. Das ist eher ein Keller mit direktem Zugang ins Freie, wo alle Pritschen voll besetzt sind und jeder freie Fleck mit Kleidung zum Trocknen verhängt ist. Ich wende mich mit Grausen ab. Direkt unterhalb liegt das Gasthaus Ziortza-Beitia. Der schon etwas ältere Wirt hat ein großes Zimmer mit Bad und Vorraum für mich und verlangt dafür 45 Euro Halbpensionspreis. Ich bin damit zufrieden. Einige Pilger, die ich kenne und einige, deren Bekanntschaft ich noch nicht gemacht habe, sind auch schon da. Ich esse mit drei Deutschen und zwei Amerikanerinnen. Wir verbringen einen netten Abend, an dem international gelacht wird. Die anderen haben es nicht so gut erwischt wie ich, sie haben zwar auch ein Zimmer bekommen, müssen es sich aber untereinander zu dritt oder zu viert aufteilen, wobei auf die unterschiedlichen Geschlechter keine Rücksicht genommen wird. Ich biete daher den Amerikanerinnen an, den Deutschen Frank, den man in ihr Zimmer gelegt hat, zu mir in mein großes Zimmer aufzunehmen. Aber die Lust, jetzt wieder umzuräumen, scheint gering zu sein. Ich bin froh, denn Frank geht der Ruf als großer Schnarcher vor dem Herrn voraus. Der kochende und servierende Juniorchef hat einen Narren an uns gefressen (ich vermute allerdings weniger an mir als an den jungen Damen) und lädt uns nach dem Essen an die Bar auf eine Runde Schnaps ein. Bei dieser Gelegenheit wird auch das Quartier bezahlt. Die anderen bezahlen 30 Euro Halbpension, weil sie ja nur den Teil eines Zimmers in Anspruch nehmen. Ich will die mir vom alten Wirt genannten 45 Euro bezahlen, aber der Junge will auch nur 30 Euro von mir haben. Ich mache auf den Unterschied aufmerksam. Ich bin aber nicht traurig darüber, dass es nichts nützt. Versucht habe ich zumindest, ein ehrlicher Pilger zu sein. Der Wirt gibt mir noch ein Paket in Silberfolie mit einer Banane und zwei Teigtascherl als Frühstückersatz, denn 9 Uhr als Frühstückszeit am kommenden Morgen ist mir einfach zu spät. Nach zwei Tagen Gemütlichkeit möchte ich es morgen wieder etwas flotter angehen und bis ins rund 39 km entfernte Lezama kommen.

11. Mai: Ich verlasse das Gasthaus, in dem noch alles ruhig ist, und eile zum Kloster hinauf, wo um diese Zeit eine Morgenmesse stattfinden soll. Ich bin offensichtlich der einzige Pilger, der auf Gottesdienste Wert legt, und der einzige Laie in der Kirche überhaupt. Hinter mir schließt ein Mönch das Kirchentor zu. Ich fühle mich gefangen, denke mir aber noch nichts dabei. Dann beginnt, nein, nicht die Messe, sondern die Laudes.

Die Mönche verstehen es zu zelebrieren. Die Psalmen werden nicht heruntergelesen, sondern gesungen. Es dauert für mich eine halbe Ewigkeit, bis die Laudes vorbei ist. Dann beginnt die Messe. Auch sie wird zelebriert und nicht nur gelesen. Danach gibt es eine ausführliche Predigt. Ich verstehe kein Wort und sitze auf Nadeln, denn es wird immer später. Endlich ist die Messe aus. Es ist 9 Uhr. Um diese Zeit wollte ich schon mindestens eine Stunde unterwegs sein. Der Mönch öffnet die Kirchentüre und ich merke, dass sie gar nicht versperrt war, sondern es sich nur um einen mittelalterlichen Mechanismus handelt, der ein imposantes Geräusch beim Einschnappen macht. Ich eile aus der Kirche, um wenigstens noch etwas früher als meine Mitpilger dran zu sein, die im Gasthaus frühstücken. Denn gestern habe ich so eilig getan und es wäre schon etwas peinlich, jetzt auch nicht früher unterwegs zu sein.
Das Wetter ist schön, aber die Wege sind in einem schlechten Zustand. Bei den wilden Schlammpartien, die ich hinter mich bringe, stelle ich fest, dass die zurückgelegte Strecke in keinem Verhältnis zur Geschwindigkeit des Rutschens steht. Das heißt, ich bin zu langsam, um mein Tagesprogramm zu schaffen. Nach wenigen Kilometern nutze ich daher die erste Gelegenheit, um mich auf die Straße zu schlagen. Die nächsten 13 km bis Gernika bleibe ich dort. Gernika-Lumo hat im Spanischen Bürgerkrieg traurige Berühmtheit erlangt. Die mit Generalissimus Franco verbündeten Deutschen wollten modernes Kriegsgerät ausprobieren und haben am 26. April 1937 durch die Legion Condor einen dreieinhalbstündigen Luftangriff auf Gernika ausgeführt. Es war nicht direkt in das Kriegsgeschehen einbezogen und daher völlig ungeschützt. Die Spreng- und Brandbomben zerstörten das gesamte Stadtzentrum und Hunderte fanden den Tod. Pablo Picasso verewigte diese Katastrophe in seinem berühmten Gemälde *Guernica*. Heute ist Gernika wieder aufgebaut und ein Zentrum der Besinnung, der Versöhnung und des Friedens geworden.
Es ist gar nicht so einfach, den richtigen Weg zu erwischen, denn wie so oft ist in Städten die Markierung des Jakobsweges sehr lückenhaft. Mithilfe der Einheimischen finde ich aber dann doch ohne allzu große Umwege aus Gernika heraus. Der Nachmittag bringt wieder Gewitter, jedoch zu meiner großen Überraschung: Es gibt keinen Schlamm mehr. So wandere ich erstmals seit langem ohne Bocksprünge durch die hügelige Landschaft. Wie das so ist, nach zwei Tagen Bequemlichkeit möchte der Körper nicht mehr so recht in den alten Schwung kommen. In Larrabetzu glaube ich

Gernika

schon, mein Tagesziel erreicht zu haben und bin recht enttäuscht, dass ich noch mehr als 3 km vor mir habe. So benötige ich einen Zucker- und Motivationsschub. Den gibt mir der süße Riegel, den ich vom Wirt zusätzlich zum Frühstückspaket noch erhalten habe. Dann geht es wieder. Ich erreiche mein Ziel Lezama, wo in meinem Führer das Bett als Symbol für ein Hotel oder Gasthaus aufgezeichnet ist. Ich mache einen Ortsrundgang, finde aber nichts. Deshalb frage ich am Marktplatz zwei Frauen. Sie kennen hier auch kein Hotel und die Herberge öffnet erst im Juni. Jetzt ist guter Rat teuer. Nach Bilbao sind es noch 11 km. Das ist mir entschieden zu weit! Ich gehe ohne Plan zur Hauptstraße, da fährt gerade ein Bus nach Bilbao ein. Das ist die Lösung: Ich übernachte in Bilbao und fahre morgen zurück! Schneller als gedacht, bin ich dort. Bilbao ist eine moderne Stadt im Zentrum eines großen Industriegebietes und durch den 20 km schiffbaren Fluss Nervión mit dem Meer verbunden. Über Empfehlung des Busfahrers finde ich diesmal auch rasch eine nette Pension zu vertretbaren Preisen, wo ich mich für zwei Nächte einmiete. So beschließe ich nach einem Rundgang durch die verwinkelten engen Gassen der Altstadt, die jetzt am Abend voll pulsierendem Leben sind, diesen Pilgertag.

12. Mai: Am Morgen verspeise ich auf dem Bett die Reste meines Proviants, Rauchfleisch und Karotten, und steige in den Bus nach Lezama, um das nachzuholen, was mir an Pilgerstrecke noch abgeht. Es ist ein großer Unterschied zu meinen sonstigen Aufbrüchen. Denn den Rucksack lasse ich im Hotel und gehe leicht wie eine Feder los, nur mein Regencape habe ich vorsichtshalber mit. Zwischen Lezama und Bilbao liegt ein langgestreckter Hügel, den ich mit dem Bus gestern umfahren habe. Heute geht es über diesen Hügel drüber. Oben ist offensichtlich ein Naherholungsgebiet von Bilbao mit Aussichtsterrassen, Restaurants, Parks und ähnlichem. Hier sind bei dem schönen Wetter schon viele Wanderer, fast alle natürlich in der Gegenrichtung unterwegs, denn ich gehe ja in die Stadt hinein.

Ich komme bei der Kathedrale vorbei, eine große gotische Kirche, die Santiago, also dem heiligen Jakob, geweiht ist. Weil ich ohne Rucksack so leichtfüßig und gut in Schwung bin, wandere ich den Fluss Nervión entlang durch Bilbao und gleich wieder hinaus rund drei Stunden bis Portugalete. Ich habe mich entschlossen, ein moderner Pilger zu sein, der sich den öffentlichen Nahverkehr zu Nutze macht. Das heißt, ich werde heute schon ein Stück für morgen vorgehen und dann in der Früh mit einer Busfahrt beginnen. Bilbao ist aufgrund der modernen Bauwerke wie Guggenheim Museum, Schifffahrtsmuseum, Brücken und dergleichen im Stadtkern sehr beeindruckend.

Dann wird es fader. Endlose Hafen- und Industrieanlagen, teilweise im Verfall befindlich, säumen den Fluss. Aber auch das gehört zu einem Pilgerweg. Etwas lange kommt mir die Uferstraße dennoch vor, bis ich Guecho, das ist eine am rechten Ufer des Nervión am Meer gelegene Stadt, erreiche. Dort setze ich mich in ein Lokal und bin mit meinem heutigen Tagesmarsch, den ich hiermit beende, zufrieden.

Nach dem Essen gehe ich zur berühmten Hängebrücke, die Ende des 19. Jahrhunderts erbaut, noch heute in Betrieb ist und zu den Wahrzeichen Groß-Bilbaos gehört. Hier hängt eine Art Bus an einem über den Fluss führenden Stahlgerüst und wird mit Stahlseilen in der Luft von einem Ufer zum anderen hin- und her bewegt. Auf diese Weise lasse ich mich nach Portugalete hinüberbringen.

Dort steige ich in den Bus ein und fahre nach Bilbao zurück. Das Guggenheim Museum kann ich mir schließlich nicht entgehen lassen. Ich betrete den mehr als gelungenen Bau und kaufe mir eine nicht ganz billige Kombikarte, die mir auch den Eintritt in das nahe Museo de Bellas Artes (Kunstmuseum) ermöglicht. Es gibt viel Originelles und teilweise Lustiges in diesem Museum, die Großartigkeit vieler Kunstwerke erschließt sich mir aber nicht unbedingt. Ich gebe aber zu, dass mein eher konservati-

ver Geschmack nicht repräsentativ sein muss. Viel beeindruckender ist für mich das Museo des Bellas Artes, das ich mir anschließend gönne. Hier ist das Kunstschaffen mehrerer Jahrhunderte ausgestellt. Beispielsweise sind die schönsten Bilder des Baskenlandes zu sehen, aber auch traditionelle Werke spanischer Künstler. Das schönste Bild überhaupt ist für mich der „Nach dem Hahnenschrei weinende Petrus“ von Bartolomé Esteban Murillo. Es ist für mich fast überirdisch, in ein gemaltes Gesicht so viel Ausdruck und Gefühl hineinzulegen.
Die heutige Tagesetappe für den Jakobsweg war zwar mit rund 23 km nicht lang, aber mit Besichtigen und Suchen bin ich doch sehr viel mehr herumgelaufen. Ich will daher nur mehr ins Bett.
Bilbao liegt heute Abend schon im Fußballfieber: Überall ziehen Fangruppen mit Fahnen herum, singen und johlen, denn morgen steigt das große Cup-Finale Bilbao gegen Barcelona.
Diese Stadt hat sich mir tief eingeprägt. Das Ortszentrum hat sehr viel Atmosphäre und jugendlichen Schwung, wozu sicher die großartigen Bauten beitragen. Die Umgebung von Bilbao ist dafür wenig attraktiv: Verfallende Wohnburgen der Industriearbeiter machen mich gruseln, wie damals und auch heute Menschen leben müssen. Auch den ausgedehnten Hafen- und Industrieanlagen, die von besseren alten Zeiten vor sich hin träumen, wünsche ich belebende Impulse.

Bilbao, Fußgängerbrücke des Architekten Santiago Calatrava über den Fluß Nervión

13. Mai: Am nächsten Morgen besteige ich den Bus und fahre nach Portugalete, wohin ich gestern ja schon vorgegangen bin. So gemütlich habe ich noch selten einen Pilgertag begonnen. Ich könnte mich daran gewöhnen! Aus Portugalete hinauszufinden, ist nicht einfach. Kreuzungen, Autobahn, Umfahrungsstraßen, Abzweigungen – welcher ist der richtige Weg? Ein paar Bauarbeiter helfen mir ohne Worte durch einfaches Deuten. Endlich habe ich die Auffahrt hinter mich gebracht, ohne mich als Geistergänger auf der Autobahn wiederzufinden. Ich gehe die stark befahrene Straße auf Ortuella zu. Gegenüber sehe ich die Beschilderung für einen Rad- und Wanderweg. Ich weiß sofort: Das ist meiner, und will hinüber. Bei diesem starken Verkehr ist das nicht so einfach. Aber es gibt Freunde und Helfer! Auf der anderen Straßenseite findet gerade eine Verkehrskontrolle der Straßenpolizei statt. Ein Polizist hat mich bemerkt und deutet mir zu warten, er wird mich hinüberweisen. Ich habe mir gedacht, er wird irgendwann den flutenden Verkehr wegen mir aufhalten. Nein, er wartet geraume Zeit, bis tatsächlich einmal kein Auto daherkommt. Da wäre ich natürlich auch ohne ihn hinübergekommen. Aber nicht genug: Sein Chef hat die Szene beobachtet, er winkt ihn weg und übernimmt nun selbst die Rolle des Beschützers, der einem Jakobspilger über die nun verkehrsfreie Straße hilft. Ich bedanke mich artig und gehe weiter. Nach 50 m wechselt der Geh- und Radweg wieder auf die andere Seite, von der ich gerade komme! In Sichtweite der Polizisten, aber diesmal ganz alleine, schaffe ich die Überquerung der Straße noch einmal.
In Ortuella treffe ich einen mir noch nicht bekannten Jakobspilger, der offensichtlich Probleme hat, den richtigen Weg zu finden. Ich bin mir diesmal schon ganz sicher und nehme ihn mit. Es ist Detlef aus Stuttgart, der von Hendaye, also der französischen Grenze, weggegangen ist. Wir haben etwa dasselbe Tempo und gehen den 7 km langen Weg zur Küste nach La Arena auf dem besagten, wunderbar ausgebauten Wander- und Radweg. So erreichen wir ohne weitere Orientierungsprobleme die Küste bei La Arena – einem noch im Winterschlaf liegender Badeort in einer riesigen Bucht mit Sandstrand. Eine Bar hat geöffnet und Detlef möchte auf ein Bier gehen. Ich schließe mich an, auch wenn das nicht meinen Gewohnheiten entspricht. Der Barmann hat auch noch einige Tapas in der Vitrine und so esse ich zum kleinen Bier ein paar Sandwiches, die natürlich nicht an die Qualität jener in San Sebastián herankommen. Detlef ist schon vorausgegangen. Nach dem Verlassen der Bar tue ich mir zuerst schwer,

Blick ins Baskenland

über den weitläufigen Sand- und Buschstreifen den richtigen Weiterweg zu finden, aber dann erblicke ich doch die blaue Fußgängerbrücke, die zum Uferweg führt und der Rest ist leicht. Bei der Fußgängerbrücke treffe ich Detlef wieder, der zwar – besser als ich – über den Strand gefunden hat, dafür aber geradeaus ins Landesinnere weitergegangen ist und dann wieder umdrehen musste. Ich bin also nicht der Einzige, der hin und wieder in die Irre geht. Der oberhalb der Steilküste verlaufende Uferweg ist wieder ein prachtvoller Wegabschnitt, der den Camino Norte so einzigartig macht.
Was mir arg zusetzt, ist das kleine Bier, das ich in der Bar getrunken habe. An den Wein zum Mittagessen habe ich mich mittlerweile ja schon gewöhnt. Aber das Bier – mit einer vermutlich geringeren Alkoholmenge – hat mir den Kopf benebelt und mich schrecklich müde gemacht. Ich bereite Detlef schon vor, dass ich an einer geeigneten Stelle einfach in die Landschaft wegkippen werde. Aber heute finde ich keinen Platz für ein Mittagsschläfchen und irgendwann ist die Müdigkeit auch vorbei. Es geht weiter den feudalen Küstenweg entlang, bis er unterhalb einer Felsnase plötzlich wegen Steinschlaggefahr gesperrt ist. Wir überklettern die Barrieren und es ergeben sich keine Probleme. Dann dreht der Weg wieder ins Landesinnere und das schöne Baskenland ist Vergangenheit.
Wir kommen nach Kantabrien. Das Volk der Kantabrier hat der römischen Besatzung den erbittertsten Widerstand auf der Iberischen Halbinsel geleistet. 19 v. Chr. wurde dieser Widerstand von den Römern endgültig gebrochen und das Volk in einer Weise geknechtet oder ausgelöscht,

Küstenabschnitt vor Castro Urdiales

dass im Gegensatz zum Baskenland, Asturien oder Galizien kaum mehr kulturelle oder sprachlichen Eigenheiten zu finden sind. Dafür sind viele steinerne Zeugen aus der Römerzeit erhalten. Der Weg im Landesinneren führt wenig spektakulär, aber gut markiert durch mehrere Dörfer, bis ich am Abend wieder die Küste und mein Tagesziel Castro Urdiales erreiche. Das ist ein idyllischer Fischereihafen, von dem schon der Name Zeugnis für seine römische Vergangenheit gibt.

Ich wandere an der langen Uferpromenade auf das Ortszentrum mit alter Burg und Kirche auf einem kleinen Hügel zu. Hier fühlt man sich gleich wohl. In einem Altstadtgässchen quartiere ich mich in einer Pension ein. Detlef, den ich unterwegs aus den Augen verloren hatte, landet zufälligerweise auch in diesem Haus und wir verabreden uns für den Abend auf ein Glas Rioja in der darunterliegenden Bar.

Dann mache ich einen Rundgang und schaue mir Hafen, Burg und Kirche näher an. Sie bilden eine wunderbare Kombination von Geschichte, Kunst, Meer, Felsen und Fischern. Ich treffe drei ältere Herren (also etwa meines Alters), die von ihrem Outfit her nur Jakobspilger sein können. Es sind zwei Bayern und ein Paderborner, Max, Willi und Georg, die ebenfalls den Camino Primitivo gehen wollen. Sie präsentieren eher das gehobene Pilgersegment und wollen heute Abend eine ordentliche Fischplatte essen. So wie ich meine Frau in Santander für den Rest des Weges erwarte, hat sich die Frau von Max für Oviedo angesagt. Nach dem Abendessen, das ich alleine in einem Restaurant zu mir nehme, treffe ich mich in der Bar mit Detlef. Aus dem geplanten Glas Rioja werden deren zwei oder drei. In der Bar ist es aber nicht sonderlich gemütlich, denn alles befindet sich in heller Aufregung wegen des Cup-Finales im Fußball. Obwohl wir uns hier nicht mehr im Baskenland befinden, fiebern alle für die Nachbarn aus Bilbao mit. Der eingeschaltete Fernseher kennt auch nur dieses Thema, obwohl das Spiel erst viel später beginnt. Im Zimmer kann ich mich dann aber der Neugier nicht erwehren, schalte den Fernseher ein und schaue, was der spanische Fußball so bietet. Bilbao schießt bald das erste Tor, aber Barcelona gewinnt mit 3:1. Irgendwie kann ich froh sein, denn ein Sieg Bilbaos hätte sicher die Nachtruhe in dieser engen Altstadt empfindlich gestört. So bleibt alles sehr ruhig.

14. Mai: Am Morgen kehre ich in eines der Cafés ein, die hier sehr früh offen haben. Das Frühstück besteht, ähnlich wie in Frankreich, aus Kaffee und trockenen Brötchen. Man kann sich an der Bar noch Tapas aussuchen und zahlt nach der verzehrten Menge. Leider hat das Wetter heute wieder einmal umgeschlagen. Es weht starker Westwind und immer wieder fallen ein paar Regentropfen. Der Weg an der Küste bleibt vorerst großartig.
Ich hole Detlef und die drei deutschen Pilger ein, aber wir haben heute unterschiedliche Pläne. Der Outdoor-Führer polemisiert anhand eines Wegweisers, der 4,6 km nach Castro Urdiales aufgestellt ist und noch 33 km nach Laredo anzeigt: „Wer soll diese Wahnsinnsetappen zu Fuß bewältigen?" Deshalb empfiehlt er eine Abkürzung, die einem 8 km ersparen soll. Ich zähle mich zu den Wahnsinnigen, die solche Etappen anpacken, denn wenn es nicht sein muss, benutze ich doch lieber Wanderwege als die Nationalstraße. Als der Jakobsweg die Küste verlässt, bleibe ich darauf und bereue es nicht. Es geht sehr beschaulich durch Wälder, Felder und kleine Dörfer bis Laredo. Ich verlaufe mich nicht einmal in einem großen Eukalyptuswald. Zu meiner Überraschung komme ich recht früh an meinem Ziel an. Ich beschließe daher, noch in den nächsten Ort, das rund 4 km entfernte Colindres weiterzugehen. Hier verheißt der Führer eine gute Herberge mit 20 Liegen in drei Zimmern, wobei man die Schlüssel bei der Ortspolizei bekommt. Ich gehe also zur Polizei. Aber dort ist niemand da. Also suche ich die Herberge, vielleicht habe ich da mehr Glück, aber auch hier: vergebens. Ich gehe also zurück zur Polizei. Wieder ist die Dienststelle unbesetzt. Jetzt wird es mir zu dumm, ich rufe die Polizei an und frage, ob sie einen Schlüssel für die Herberge haben. Die sind nicht bei Laune und antworten, dass die Herberge heute geschlossen ist. Dem Rat, ich solle in den Nachbarorten nach einer Herberge schauen, kann ich aber nicht folgen. Jetzt gehe ich wieder einmal ins nächste (und einzige) Hotel.

15. Mai: Nach dem Frühstück wandere ich zur Spitze der Halbinsel von Laredo. Bei einer Halbinsel kann man sich nicht verlaufen und deshalb suche ich diesmal nicht den markierten Weg oder gar die Asphaltstraße, sondern schlendere genussvoll den naturbelassenen Sandstrand entlang und suche mir eine Spur, wo ich möglichst wenig einsinke.
An der Spitze der Halbinsel soll es einen Fährdienst zum gegenüberliegenden Strand, zur kleinen Stadt Santona geben, zumindest an den Vormittagen. An der Spitze der Halbinsel angelangt, suche ich nach einem Kai oder einer Beschriftung, die auf einen Fährdienst hinweist. Nichts! Nur Sandstrand. Es sind schon andere Pilger vor mir. Ich laufe ihnen nach, um nicht den Anschluss zu verpassen und vielleicht gerade vor dem abfahrenden Boot zu stehen. Da kommt ja tatsächlich ein kleines Boot, das direkt am Sandstrand anlegt. Wir klettern rasch hinein und suchen uns einen Sitzplatz. Ich mache mich mit meinen vier Mitpilgern bekannt. Ein spanischer Vater ist mit seinen zwei Töchtern unterwegs und neben mir sitzt José, ein junger Brasilianer, der sehr gut Englisch spricht. Er ist schon das dritte Mal am Jakobsweg unterwegs. Er findet es so schön, dass er immer wieder eine andere Variante begeht. Wir sind rasch in Santona. Diese Stadt galt aufgrund ihrer besonderen Lage – einerseits umschlossen vom Felsmassiv des Buciero, andererseits vom Festland durch Schwemmland getrennt – bis ins 19. Jahrhundert hinein als militärisch uneinnehmbar. Entsprechend geprägt ist die Stadt von wehrhaften Bauten. Diesmal empfiehlt mein Führer einen Umweg: Man soll nicht den direkten Jakobs-Weg nach Berria weitergehen, sondern das Massiv des Buciero ausgehen, denn hier könne man einen der schönsten Küstenabschnitte Nordspaniens in seiner wilden Faszination kennenlernen. Das Ausgehen dieser in das Meer hineinragenden Bergkuppe erfordert zusätzliche 5,5 km. Da ich ein absoluter Fan von schönen Küsten bin, kann ich mir das nicht entgehen lassen. Ich habe leichte Schwierigkeiten, den Einstieg zu finden. Aber bald befinde ich mich auf dem richtigen Pfad durch relativ dichte Vegetation. Das heißt, man sieht das Meer oft nur durch den Wald hindurch oder in größerer Entfernung. Aber das sind Ausblicke vom Allerfeinsten. Ich komme zur Wegkreuzung der vier Wege. Hier empfiehlt mein Führer noch einen Abstecher zum Leuchtturm El Caballo, „wenn Sie gut zu Fuß sind". Es geht, auch für meinen Maßstab als Bergsteiger, enorm steil rund 200 Höhenmeter hinunter. Dabei sind die Stufen fast einen halben Meter hoch. Man muss wirklich vorsichtig hinuntersteigen, denn auf dieser

Stiege ist es keine Kunst, zu Tode zu stürzen. Endlich bin ich unten beim Leuchtturm angelangt. Der ist nicht weiter der Rede wert. Aber die Stiege – jetzt schon leicht verfallen – geht ganz zum Wasser hinunter, ja taucht sogar in die türkisgrünen Fluten ein. Da muss ich auch hinunter. Das ist genau das, was ich mir unter einer Steilküste vorgestellt habe. Kurz überlege ich, ob ich in das so schön aussehende Wasser eintauchen soll, lasse es aber dann bleiben, da ich nichts über die Strömung weiß. Ich trenne mich schwer von dieser unbeschreiblich schönen Steilküste, aber ultreia … immer weiter.

Wieder bei der Kreuzung der vier Wege angelangt, gehe ich den Weg über die Halbinsel unspektakulär zu Ende. Unter mir liegt die nächste große Bucht mit Sandstrand. Am Beginn, also direkt unter mir, ist ein großes Gefängnis. Ich packe meine Mittagsjause aus und sehe kauend den Häftlingen in ihrem Alltag zu. Da kommen meine drei deutschen Pilgerfreunde des Weges. Auch sie sind den Empfehlungen des Outdoor-Führers gefolgt, allerdings ohne Abstecher zum Leuchtturm hinunter und sind sehr enttäuscht, denn von der wilden Küste war nicht viel zu sehen. Na ja, sie haben Recht: Wäre ich nicht zum Leuchtturm hinuntergegangen, wäre ich sicher auch frustriert gewesen.

Ich stelle fest, dass jetzt um 13 Uhr noch 23 km bis zu meinem Tagesziel, einer Herberge in Güemes, vor mir liegen. Die drei anderen haben nicht vor, heute noch so weit zu gehen, also verabschieden wir uns und ich muss wieder einmal die Beine in die Hand nehmen. Ich durchquere die Bucht und steige den folgenden Hügel hinauf und herunter. Es geht idyllisch,

Fähre nach Santona

aber ein wenig mühsam, wenn man schnell vorwärts kommen will, den Sandstrand der nächsten Bucht entlang bis zum größeren Dorf Noja. Hier träumen einige Hotels schon von den vielen Sommergästen, die in ein bis zwei Monaten kommen sollen. Von dort geht es wieder ins Landesinnere. Ich marschiere weiter und stelle fest, dass keine, oder besser gesagt, so gut wie keine Markierungen für den Jakobsweg vorhanden sind. Ich richte mich also nur nach den Angaben des Führers. Das ist doch erheblich mühsamer, weil man oft nachschauen muss. Die Landschaft ist aber schön und abwechslungsreich. Ich passiere auch eine alte Gezeitenmühle.
An diesem Nachmittag geht es einen großen Teil an der Straße entlang. Ich komme auf eine Anhöhe, auf der ich einen deutschen Radpilger, Andreas, treffe. Er ist seit Deutschland mit dem Rad unterwegs. Ich beauftrage ihn, mich in der Herberge in Güemes anzukündigen, damit man nach Möglichkeit noch ein Abendessen für mich hat, denn als Radfahrer wird er bald dort sein und für mich sind es doch noch 7 km.
Die in Pilgerkreisen gerühmte Herberge, geführt von Padre Ernesto, liegt etwas abseits des Jakobsweges auf einer Anhöhe und sieht aus, als wäre sie als mittelamerikanische Hazienda direkt hierher nach Spanien verpflanzt worden. Im Schlafsaal beziehe ich eines der letzten freien oberen Stockbetten. Glücklicherweise ist auch das Nachbarbett noch frei, sonst wüsste ich nicht, wo ich meinen Rucksack ausräumen kann. Ich staune darüber, wo diese vielen Pilger, die heute mit mir in der Herberge sind, alle herkommen. Am Weg habe ich sie nicht gesehen. Waschraum und Duschen sind einfach, aber sauber. Es ist allerdings schwierig, angezogen in eine Duschkabine zu gehen, Geld und Handy mitzunehmen (um niemanden im Schlafsaal in Versuchung zu führen), sich auszuziehen (wo man sich kaum rühren kann), die trockenen Sachen aufzuhängen (wo es nichts zum Aufhängen gibt) und sauber zu werden (und die Kleidung trotzdem trocken zu halten). Aber sonst ist die Anlage wunderschön. Viele exotische Pflanzen säumen die Hazienda. Der Aufenthalts- und Speiseraum ist gemütlich rustikal mit einem riesigen offenen Kamin, in dem brennende Buchenscheiter knistern. Es ist noch zu früh zum Essen und wir Pilger finden uns alle im ersten Stock des Hauses in der Bibliothek ein. Diese ist mit einer großen Karte ausgestattet und der Padre doziert. Er hält, erst auf Spanisch, dann auf Französisch, einen Vortrag über alles Wissenswerte in der Region. Beispielsweise äußert er seinen Unmut darüber, dass man überall Eukalyptusbäume gesetzt hat. Diese wachsen zwar rasch und ver-

Bucht bei Santona

sprechen damit schnellen Profit. Sie entziehen dem Boden aber bis tief hinunter Wasser und ruinieren ihn nachhaltig. Es gibt nur mehr wenige Landstriche, wo die angestammte Vegetation zu finden ist. Die Halbinsel des Buciero, die ich umwandert habe, gehört dazu. Er erklärt auch, dass es von Santona hierher verschiedene Routen gibt. Die Franzosen gehen einen anderen Weg als die Spanier und die Deutschen sind wieder woanders unterwegs. Jetzt ist mir klar, warum ich fast keine Markierungen mehr finden konnte: Ich war entsprechend meinem Führer auf der Spezialroute der Deutschen unterwegs. Der Padre schwärmt von den Vorzügen des Camino Norte gegenüber dem Camino Francés. Am letzteren reiche es, sich einfach in die Masse einzureihen und die Pilgerautobahn durchzuwandern. Am Camino Norte seien dagegen Intelligenz und Kreativität gefragt. Er erreicht damit, dass ich mich in Hinkunft nicht mehr zu schimpfen traue, wenn der Weg wieder einmal schlecht markiert ist. Wer will sich schon Kreativität und Intelligenz absprechen lassen? Abschließend gibt es noch Tipps für die Route der nächsten Tage, darunter auch die verbotene Begehung einer Eisenbahnbrücke, um einen großen Umweg zu vermeiden. Dann versammeln wir uns zum gemeinsamen Abendessen vor prasselndem Kaminfeuer und lauter sakraler Hintergrundmusik. Das Essen und der Wein sind einfach, aber gut. Wirklich, das ist eine besondere Herberge, die man erlebt haben muss.

16. Mai: Die Herberge samt Abendessen und reichlichem Frühstück ist gratis. Nur beim Ausgang steht ein verschämtes Körbchen, in das man Spenden legen soll. Ich jedenfalls gebe in solchen Herbergen wesentlich mehr, als ein fixer Preis ausmachen könnte. Nach dem Abschied vom Padre geht es weiter Richtung Santander.

Dort soll ich in drei Tagen meine Sissy treffen, und ich freue mich schon sehr auf sie. Es wird mir sicher etwas einfallen, mit der Wartezeit umzugehen. Den Weg westwärts zur Küste plaudere ich mit einem Franzosen, der mir noch einiges über Mitpilger, die mit uns in der Herberge übernachtet haben, erzählt. Es war zum Beispiel auch ein Belgier als Begleiter eines jungen Strafgefangenen darunter. Das Pilgern auf dem Jakobsweg fördert nämlich angeblich die Resozialisierung. So sind wir flugs wieder an der Küste. Hier gehen fast alle Pilger abseits des Weges direkt an der Steilküste und genießen dabei den Blick auf grasende Pferdeherden, umrahmt von Steilküste und tosender Brandung.

Im nächsten Dorf am Strand, Loredo, gibt es wieder zwei Möglichkeiten: Entweder folgt man dem markierten Weg rund 30 km um die gesamte Bucht von Santander herum und lernt dabei das Industriegebiet von Astillero näher kennen, oder man nimmt einfach die Fähre nach Santander, wie es im Mittelalter schon die Pilger gemacht haben. Ich hätte zwar genügend Zeit für die längere Strecke, aber das Umwandern der Bucht mit der Industrie reizt mich nicht wirklich. So gehe ich direkt im Sand 2 km am Ufer entlang zum Ferienort Somo, um mich dort einzuschiffen. Ich finde auch den Anlegeort, doch die Fähre legt direkt vor meiner Nase ab. Macht nichts, dann mache ich in der Zwischenzeit Besorgungen. Ich komme vom Einkaufen zurück, da legt die Fähre gerade wieder ab. Jetzt rühre ich mich aber nicht mehr vom Fleck, sondern warte die halbe Stunde und komme diesmal sicher dran. Gemütlich nähere ich mich auf den Wellen Santander.

Santander hat etwa 200.000 Einwohner. Es wurde 1941 von einem Tornado zerstört und danach in einheitlichem Stil wieder aufgebaut. Durch die Lage am Nordrand einer weiten Bucht ist es mit kilometerlangen Sandstränden, palmenbesetzten Parks und Gärten einer der elegantesten Badeorte Nordspaniens.

Ich komme bei einem Park an und gehe zur nächsten Touristeninformation. Mein Sohn Christian hat für Dienstag schon ein Zimmer im Hotel *Escuela Las Carolinas* für Sissy und mich reserviert und ich miete mich für diese Nacht schon mal ein. Es ist ein schönes Haus gehobenen Niveaus mit einem gepflegten palmenbesetzten Park. Dann schaue ich mir Santander an und mache meine Pläne für Sonntag, Montag und Dienstag. Das Flugzeug mit Sissy kommt erst Dienstagabend. Vorerst suche ich aber noch eine Vorabendmesse, denn heute ist schließlich Samstag. Eine ausführliche Liste bei der Kathedrale verkündet, wann es welche Gottesdienste gibt. Ich schreibe mir die Namen von den Kirchen auf, die mir von der Zeit her passen. Das Problem ist nur, dass ich die Kirchen nicht finde, die auf meinem Zettel stehen. Erst bei den Franziskanern habe ich Glück.

17. Mai: Es ist großartig, den Rucksack im Hotel lassen zu können. Ich schaue bei der Frühmesse der mir nun schon bekannten Franziskaner vorbei und besichtige die eindrucksvolle Kathedrale samt Kreuzgang. Anschließend begebe ich mich zum Busbahnhof, denn ich habe heute einen ganz besonderen Ausflug vor: Laut meinem Führer handelt es sich dabei um einen klassischen Abstecher, den früher zahlreiche Pilger des Küstenweges unternahmen. 55 km von der Küste bei Unquera entfernt, liegt in der bizarren Bergwelt der Picos de Europa das Kloster Santo Toribio de Liébana. Hier wird die größte Reliquie des Kreuzes Christi aufbewahrt. Dieser Schatz brachte dem Kloster das päpstliche Privileg ein, ein Heiliges Jahr ausrufen zu dürfen, wenn der Festtag des Heiligen auf einen Sonntag fällt (das nächste Mal am 16. April 2017). Wie bedeutend dieser Wallfahrtsort früher gewesen ist, wird deutlich, wenn man bedenkt, dass das Privileg des Heiligen Jahres neben Toribio nur Jerusalem, Rom und Santiago de Compostela haben. In dem Kloster schrieb um das Jahr 776

Bucht von Santander

der Mönch Beatus seine Kommentare zur Apokalypse des Johannes, deren zugehörige Bilder zu den schönsten des frühen Mittelalters gehören. Die Kommentare wurden immer wieder abgeschrieben und haben damals das Kloster Toribio de Liébana in der ganzen Christenheit bekannt gemacht. Heute kennen es bestenfalls noch gebildete Insider.
Ich komme zwar erst in einigen Tagen nach Unquera, aber ich habe jetzt gerade Zeit für einen Ausflug und von Santander gibt es eine direkte Busverbindung. Also besteige ich am Busbahnhof den richtigen Bus. Dann geht es los, vorerst Richtung Westen, wo ich in ein paar Tagen zu Fuß hin muss. Einige Haltestellen vor Unquera, in San Vicente de la Barquera, steigt ein Jakobspilger ein, den ich gleich anspreche. Ich bin ja ohne Rucksack nicht als Pilger zu erkennen. Er erzählt mir, dass an der Küstenstraße eine Brücke gesperrt ist, über die auch die Jakobspilger müssen. Er sei mit seiner Freundin arglos auf diese Brücke zugegangen, aber die Arbeiter lassen nicht einmal Fußgänger hinüber. So mussten sie einen riesigen Umweg machen. Dabei habe er seine Füße ruiniert und fahre deshalb bis Unquera mit dem Bus. Seine Freundin (die robuster sein dürfte) treffe er dort. Ich danke für den Hinweis, denn ich möchte nicht, dass es meiner Frau und mir in ein paar Tagen ähnlich geht. Er steigt in Unquera aus und der Bus dreht Richtung Süden in das Massiv der Picos de Europa ab. Das Gebirge wirkt bizarr mit vielen steilen Schluchten und spitzen Bergen, ein wenig bin ich an unsere Kalkgebirge erinnert. In den höheren Regionen liegt noch Schnee. Nach rund zwei Stunden Fahrt bin ich im Bergdorf Potes. Potes ist ein malerisches Nest, aber durchaus mit touristischem Selbstbewusstsein. Nachdem ich jetzt noch nichts zu essen bekomme, gehe ich in das rund 2 km entfernte Kloster hinauf. Wie ich die Wallfahrtsorte kenne, gibt es dort sicher mindestens eine Gastwirtschaft. Nach einer halben Stunde bin ich beim Kloster, das beeindruckend in der Bergeinsamkeit dasteht, dem man aber seine uralte Geschichte nicht unbedingt ansieht. Nahezu unglaublich für mich ist, dass es weder Imbissstube, noch Gasthaus, noch Devotionalienhandel oder ähnliches gibt. Einzig ein Klosterladen scheint für Geschäftliches zu haben zu sein, doch der hat Mittagspause. Wenigstens ist die Kirche offen. Ich gehe hinein und kann durch ein Gitter in die Seitenkapelle hineinschauen, wo ich in einiger Distanz das prachtvoll geschmückte Kruzifix, welches das Kreuzpartikel enthalten dürfte, sehe. Zu lesen ist, dass täglich um 16 und um 17 Uhr das Kreuz besonders gezeigt wird. Nach einer kurzen Andacht gehe ich wieder die halbe

Kloster San Toribio de Liébana

Stunde nach Potes hinunter und in ein Restaurant hinein, wo ich vorher noch nicht willkommen war. Jetzt bin ich es und spreche dem servierten deftigen Menü samt Tischwein kräftig zu. Der Bus nach Santander geht um etwa 17.30 Uhr zurück. Also könnte ich um 16 Uhr bei dieser besonderen Kreuzesandacht dabei sein, was soll ich sonst hier in diesem Bergdorf tun? Deshalb steige ich nach dem Essen, ein wenig beschwingt durch den Rotwein, wieder die halbe Stunde den Berg hinauf. Pünktlich um 16 Uhr kommt ein Mönch. Neben mir sind noch eine Handvoll anderer Leute da. Nach Beendigung seiner Ausführungen nimmt er das rund 120 cm lange Kruzifix in die Hände und lädt uns ein, nach vorn zu kommen und das Kreuzesholz zu küssen. Das Kruzifix ist mit Silber und Gold beschlagen und mit großen Edelsteinen besetzt. Nur eine einzige ovale Stelle ist ausgespart, wo man das nackte uralte Holz berühren kann. Ich weiß nicht, ob es wirklich Holz vom Kreuz Christi ist. Aber ich küsse es mit einer Ehrfurcht, der es egal ist, ob es sich um das reale oder nur um das symbolische Kreuzesholz handelt. Beeindruckt verlasse ich das Kloster.

Jetzt mag ich aber nicht noch einmal die Strecke nach Potes gehen. Ich werfe einen letzten Blick auf die schönen umliegenden Berge und frage einen Autofahrer, der das Kloster mit seiner Frau gerade verlassen möchte, ob sie mich mitnehmen. Sie sind so freundlich und rechtzeitig bin ich wieder in Potes und steige um 17.30 Uhr in den Bus. Es geht nach Santander zurück und müde falle ich ins Bett. Für einen Ruhetag bin ich ganz schön herumgelaufen. Der Ausflug hat sich jedenfalls gelohnt.

Von Santander nach Oviedo (18. bis 27. Mai)

18. Mai: Ich habe beschlossen, den heutigen freien Tag zum Vorgehen zu nutzen. Denn erfahrungsgemäß ist im Speckgürtel der Großstädte vieles schön, nur nicht das Wandern. Ich möchte Sissy ersparen, übermorgen den ersten Tag gleich mit so einer Etappe zu beginnen. Ausgerechnet habe ich mir, dass es ab Santillana del Mar, das 38 km entfernt liegt, wieder ideales Wandergelände geben müsste. Also werde ich heute bis Santillana gehen, dort übernachten und am Dienstag, Sissys Ankunftstag, gemütlich mit dem Bus nach Santander fahren und dort die Pilgerreise fortsetzen. Ich packe meine Siebensachen. Ich könnte zwar etwas im Hotel lassen, weil ich morgen ja wiederkommen werde. Aber so viel Überflüssiges trage ich auch nicht mit mir herum, also nehme ich gleich alles mit. Das Wetter ist heute wieder fotoscheu, also grau in grau. Der Weg aus einer größeren Stadt heraus ist genauso, wie man es sich vorstellt. Ich überhole einen Pilger, den ich noch nicht kenne. Es ist der Magdeburger Johannes. Bald kommt die Stelle, auf die schon Padre Ernesto vorgestern aufmerksam gemacht hat: Man kann sich 7,4 km sparen, wenn man über eine Eisenbahnbrücke geht, vor der klar und deutlich „Prohibido el paso" (Betreten verboten) steht. Wie alle anderen Pilger kümmere ich mich nicht darum, horche aber doch vorher, ob nicht gerade ein Zug naht, denn dann würde es schon sehr eng zwischen Brückengeländer und Zug werden. Ich habe Glück, es kommt kein Zug, und dann geht es mal schön ländlich, mal unschön industriell an einem Chemiekonzern vorbei weiter. Von hinten ruft mich plötzlich jemand an. Es ist der Radfahrer Andreas, er steigt ab und geht mit mir. Wir wollen gemeinsam mittagessen und finden auch ein schönes Restaurant. Andreas kommt mir sehr recht, denn die gesperrte Brücke vor San Vicente de la Barquera macht mir Kopfzerbrechen. In Santander konnte ich dazu keine hilfreiche Auskunft erhalten und auch José María, der Experte für den Camino Norte in der Nähe von San Sebastián, den ich gestern angerufen habe, hat zuerst so getan, als habe er nie Deutsch gesprochen, geschweige denn mich irgendwann einmal in seinem Leben gesehen. Erst im Verlauf des Gesprächs meinte er, es sei alles in bester Ordnung, aber das hat mich nicht wirklich beruhigt. Also erzähle ich Andreas von der Totalsperre der Brücke. Da er mit dem Fahrrad einige Tage vor mir dort sein wird, bitte ich ihn, mir eine SMS mit einem Bericht über die Situation zu schicken. Das sagt er mir gerne zu und jeder zieht seine Wege.

Kurz vor Santillana del Mar stoße ich auf ein Hinweisschild zur privaten Herberge von Iris. Da es nahe an Santillana liegt, schaue ich dort vorbei. Es ist ein in der Landschaft stehendes Haus mit dicht bewachsenem Garten. Ich werde gleich freudig von Iris, ihrem Mann und einigen Pilgern, die sich schon niedergelassen haben, begrüßt, also bleibe ich. Die Herberge ist teils gemütlich, teils gewagt. So sind die Nasszellen für Männlein und Weiblein gemeinsam. Dabei ist der Waschtrog mit mehreren Kaltwasserhähnen auf der einen und je zwei Klomuscheln und Duschen in dünnen Kojen auf der anderen Wandseite. Duschen und Toiletten sind vor Blicken mit Plastikvorhängen geschützt. Die Zimmer mit vier bis sechs Betten wirken ein bisschen fragwürdig, aber wer wird denn so zimperlich sein? Ich freue mich schon auf ein Zimmer ganz allein für mich, denn die anderen sind schon untergebracht und ich bin der Erste für ein neues Zimmer. Da wird freudig Johannes, der Magdeburger begrüßt, von dem ein anderer erzählt, er habe wegen dessen Schnarchen schon Mordgelüste gehegt. Also bin ich jetzt mit Johannes in einem Zimmer. Das kann ja heiter werden …
Bis zum Abendessen bleibt noch Zeit. Also schaue ich noch nach Santillana del Mar, das laut Führer nur 1 km entfernt sein soll. Ich gehe eine geschlagene Dreiviertelstunde, bis ich dann endlich da bin. Es ist ein Städtchen, das mithilfe einer Zeitmaschine direkt aus dem Mittelalter hierher versetzt sein könnte, wenn nicht die Autos und Souvenirläden wären. Das kleine Dorf ist schnell durchwandert, die Kirche hat leider schon geschlossen. Deshalb wende ich mich wieder der Herberge zu, wo ich rechtzeitig zum Essen eintreffe. Jetzt sind auch alte Bekannte, die drei Pilger Max, Georg und Willi aus Deutschland, eingetrudelt. Das Abendessen ist bescheiden, Rippchen und Apfel als Dessert, aber die Stimmung ist gut. Andreas meldet, dass die Brücke von La Rabia tatsächlich total gesperrt ist, die Umleitung aber kein Problem darstelle.
Mein Zimmerkollege Johannes gibt bis 4.30 Uhr Ruhe. Dann geht es ordentlich mit dem Schnarchen los und an Schlaf ist nicht mehr zu denken. In der Früh fragt er mich, wie es gegangen ist. Meine Antwort stellt ihn zufrieden. Er meint: „Um halb fünf ist die Nacht ja ohnehin schon gelaufen."

19. Mai: Wir bezahlen den Obulus von 20 Euro für die Halbpension, verabschieden uns in breiter Pilgerfront von der Herbergswirtin Iris, und es geht wieder nach Santillana del Mar. Johannes wandert weiter und ich mache mit Max, Georg und Willi einen Abstecher in das nahe gelegene

Prachtvilla am Strand in Santander

Altamira. Hier findet man einige der besterhaltenen prähistorischen Höhlenmalereien der Welt. Die 14.000 Jahre alten Zeichnungen im Saal der Büffel werden als „Sixtinische Kapelle der prähistorischen Kunst" bezeichnet. Dieser Saal der Büffel ist im Original zwar nicht zu besichtigen, denn die menschlichen Ausdünstungen würden die Malereien irreparabel beschädigen, es gibt aber eine naturgetreue Nachbildung, die angeblich nur von Experten als solche zu erkennen ist. Jedenfalls ist auch das Museum von Altamira den Abstecher wert. Es ist erstaunlich, dass man schon vor so langer Zeit nicht nur Essen und Fortpflanzung im Kopf hatte, sondern bereits einen Sinn für Höheres.

Ich verabschiede mich von meinen Pilgerfreunden, denn heute ist der große und schon lang ersehnte Tag: Sissy, meine Frau, kommt mir nach! Ich gehe zur nächsten Bahnstation und nehme den Zug zurück nach Santander, das ich etwa mittags erreiche. Dabei freue ich mich, die gesperrte Brücke jetzt einmal ganz legal zu benützen. In Santander gehe ich erst einmal Mittagessen. Das Flugzeug mit Sissy soll erst um 18.05 Uhr ankommen. Ich habe also noch genügend Zeit. Deshalb wandere ich den Strand entlang bis zur nördlichen Bucht und bewundere den Hafen, die Parks, die palmenbesetzten Gärten, die herrlichen, gepflegten Sandstrände und die prachtvollen Villen. Zurück mag ich nicht mehr zu Fuß gehen, sondern steige in einen Bus bis zum Hotel, in dem ich schon zwei Nächte geschlafen habe und mache mich frisch und schön (soweit das möglich ist). Dann gehe ich zu Fuß in die Innenstadt zurück. Eine große Vorfreude treibt mich und so bin ich reichlich rechtzeitig vor der Abfahrtszeit am Busbahnhof. Siehe, da kommt

schon der Bus, und ich steige ein. Ich wundere mich noch, warum der Bus 5 Minuten zu früh losfährt und bin froh, dass ich früher da war. Der Bus fährt und fährt ... an der Ausfahrt zum Flughafen vorbei! Ich springe entsetzt auf und frage den Fahrer, ob er denn nicht zum Flughafen fährt. Die Antwort ist ein klares „Nein." Bin ich doch in meiner Aufregung in den falschen Bus gestiegen, weil ich angenommen habe, bei dieser Haltestelle würden nur die Flughafenbusse wegfahren. Deshalb habe ich auch gar nicht mehr auf die Beschriftung geachtet. Ich springe bei der nächsten Haltestelle aus dem Bus, um in die Gegenrichtung fahren zu können. Hier warten einige Leute, die mir mitteilen, dass der Bus in die Stadt hinein bald kommen werde. Aber er kommt und kommt nicht. Die Zeit rückt immer näher an 18 Uhr heran. Ich stelle mir vor, was Sissy tun wird. Voll Freude in der fremden Umgebung und kein Mensch da, der sie abholt! Ich werde immer nervöser. Taxi kommt auch keines. Ich versuche verschiedene Autofahrer dazu zu bringen, mich gegen Bezahlung zum Flughafen, der nicht weit weg ist, zu bringen. Keiner hat ein Einsehen mit mir. Endlich kommt der Bus, der mich zurück in die Innenstadt bringt. Ungefähr um 18 Uhr bin ich wieder am Busbahnhof. Ich steige sofort in ein Taxi um, das natürlich in der Rushhour nicht besonders schnell vorwärts kommt. Eine Viertelstunde später bin ich am Flughafen. Das Flugzeug ist bereits gelandet und Sissy sucht mich schon. Aber – welch ein Glück – sie freut sich und nimmt meine Verspätung nicht tragisch. So schließen wir uns zum ersten Mal seit zwei Monaten in die Arme. Ich bin überglücklich.
Obwohl ich heute schon so schlechte Erfahrungen mit den öffentlichen Verkehrsmitteln gemacht habe, steigen wir in den Bus, fahren in die Innenstadt und gehen zu Fuß zum Hotel. Das Hotel-Restaurant ist geschlossen und wir suchen in der Innenstadt ein Lokal, wo man schon vor 21 Uhr etwas zu essen bekommt. Wir speisen köstliche Shrimps und eine ausgiebige Gemüseplatte und trinken dazu ausgezeichneten Rioja. So findet der Tag, der mich zwischenzeitig nervlich so gebeutelt hat, noch einen wunderschönen Ausklang.

20. Mai: Der Morgen beginnt ohne Stress, weil der Bus nach Santillana del Mar erst um 9.30 fährt. Sissy entlarvt meine Zahnpasta als Reinigungsmittel für Zahnprothesen. Ich hatte sie mir irgendwo in Frankreich gekauft, weil es die kleinste Tube war und ich oberflächlich etwas von „Zähne" und „reinigen" gelesen habe. Aber komisch ist mir die Paste schon vor-

Pilgerfreunde bei Santillana del Mar

gekommen. Ich bin froh, sie entsorgen zu können. Ich ziehe meine neuen Wanderschuhe an, die mir Sissy mitgebracht hat, die alten hänge ich aber vorsichtshalber auf den Rucksack. Es könnte ja sein, dass die neuen sich nicht gleich mit meinen Füßen vertragen. Wir schultern unsere Rucksäcke und beginnen mit der Frühmesse bei den Franziskanern um 9.30 Uhr. Anschließend zeige ich Sissy noch den Dom samt Kreuzgang und mystischer Krypta. Es gelingt uns, in die Sakristei vorzudringen und auch für Sissy einen Stempel in den Pilgerpass gedrückt zu bekommen.

Eine Stunde später steigen wir in den Überlandbus nach Santillana del Mar, wo wir die Kirche samt Kreuzgang besichtigen. Eine Weile lassen wir den zu Stein gewordenen Hauch der Jahrhunderte auf uns wirken, dann geht sie so richtig los, die Pilgerfahrt zu zweit. Bei großartigem Wetter ziehen wir durch die sanfte, wellige Landschaft mit gelegentlichen Ausblicken auf das Meer. Immer wieder sind schöne Kirchen oder andere Schmuckstücke Kantabriens zu bewundern.

Zur Mittagszeit kehren wir in einem kleinen Dorfwirtshaus ein und bestellen das obligate Menü. Das spottbillige Essen und der Tischwein schmecken ausgezeichnet. In Spanien lässt es sich pilgern! Am Nachmittag durchwandern wir einige hübsche Dörfer und kommen am Zisterzienserkloster Cobreces vorbei, dem wir aber nur von außen unsere Aufmerksamkeit schenken. Die Region ist bekannt für ihre Zitronen. Die voll bestückten Bäumchen sind wunderschön anzusehen. Die Früchte kosten wir aber nicht.

Der erste Pilgertag für Sissy wird in Maßen genossen. Denn nichts ist schlimmer, als sich anfangs zu übernehmen. Damit kann man die ganze weitere Pilgerreise in Gefahr bringen. So suchen wir nach 22 km in dem kleinen Küstenstädtchen Comillas die Herberge auf. Dieser Ort weist eine gelungene Mischung aus mittelalterlicher Altstadt und Renommierbauten auf, wie die Kirchliche Universität oder den Palast der Grafen von Comillas. Die von der Gemeinde neu renovierte Herberge liegt in der Altstadt, hoch über dem Meer. Es sind schon einige Pilger da. In der Herberge sind Merkblätter aufgelegt, in denen in verschiedenen Sprachen auf die gesperrte Brücke hingewiesen und die Umleitung beschrieben wird. Wir kaufen uns in einem Geschäft eine gute Jause samt einer Flasche Wein und laden unsere Mitpilger auf ein Glas ein. Sissy und ich machen dann noch einen Spaziergang zum Strand hinunter und schnuppern begierig die frische, salzige Meeresluft. Anschließend entsorge ich meine alten Wanderschuhe, die mir sehr gute Dienste erwiesen haben. Ich trenne mich fast ein wenig wehmütig von ihnen, denn sie haben mich seit meinem Aufbruch in Salzburg immerhin rund 2300 km getragen.

21. Mai: Heute ist Christi Himmelfahrt. Das ist in Spanien aber kein Feiertag. Sissy und ich ziehen wacker drauflos, in der Hand den Merkzettel, wo die Umleitung beschrieben ist. Das wäre nicht notwendig gewesen, denn sie ist gut ausgeschildert. Sie führt durch das Schwemmland eines kleinen Flüsschens und dann einen Berg hinauf. Es war fast enttäuschend einfach und gar nicht so weit, stelle ich fest, als wir wieder auf die Normalroute treffen. Ich habe mir tagelang Gedanken darüber gemacht und zahlreiche Recherchen einzuholen versucht. Wie sich der Däne, der mir im Bus davon erzählt hat, dabei die Füße ruinieren konnte, ist mir schleierhaft.
Immer wieder kommen wir an hübschen Häusern, steinalten Kirchen und putzigen Dörfern vorbei. Leider hat uns der Umweg aber eine Variante gekostet, die im Führer sehr verlockend beschrieben ist: Der Naturpark von Oyambre mit einem uralten überfluteten Wald im Schwemmland. Aber man kann schließlich nicht alles sehen!
Wir steigen einen Abhang hinunter und sehen auf der gegenüberliegenden Seite das Städtchen San Vicente de la Barquera, das auf einer Halbinsel liegt und von einem imposanten Burg- und Kirchenhügel überragt wird. Über die Bucht führt uns eine lange, alte Steinbrücke in den Ortskern. Wir halten bei einer Bank eine kleine Rast und Sissy gesteht mir, dass sich der Rucksack und ihr Kreuz auf eine ernsthafte Auseinandersetzung eingelassen haben, die ihr wenig Vergnügen bereitet. Ich nehme ihr vorerst

einmal den Schlafsack ab. Dann zurren und zerren wir so lange an den einzelnen Bändern und Schlaufen, bis sich die Belastung etwas verändert. Der Jakobsweg vermeidet die Altstadt und den Kirchenberg. Wir finden ihn aber so attraktiv, dass wir gerne den Umweg in Kauf nehmen. Außerdem ist es ja auch bald Essenszeit. Wir gehen also in die Innenstadt und steigen den Kirchenhügel hinauf. Wegen der gleich beginnenden Fiesta haben wir nur fünf Minuten Zeit zur Besichtigung. Es wäre zu schade gewesen, diese prachtvolle gotische Kirche nicht von innen gesehen zu haben. Unser Tagespensum ist noch nicht vollbracht, aber wir gönnen uns jetzt erstmal ein Mittagessen. Gleich neben der Kirche gibt es ein kleines, neues Lokal, in dem wir ein preiswertes Menü bekommen. Gut gestärkt gehen wir dann wieder zum Jakobsweg und ziehen nach Westen den Meeresarm entlang, der sich weit in das Landesinnere hinein erstreckt. Noch lange kann man auf die schöne Stadt mit ihrem Burg- und Kirchenhügel und die vorgelagerte Bucht blicken.
Dann wenden wir uns ins Landesinnere. Dort zweigt ein Pilgerweg ab, nämlich der Weg für Fußpilger nach Toribio de Liébana, wo das Kreuzpartikel aufbewahrt wird. Allzu groß ist unser Elan heute nicht mehr. Zwei Stunden nach dem Mittagessen und geschätzten 24 km, sehen wir in der Ansammlung einiger Häuser (Dorf wäre zu viel gesagt) ein Schild, das zur Herberge von Serdio weist. Ein alleinstehendes Haus in einem großen Garten. Wir sind alleine, vermutlich, weil im Führer diese Herberge noch nicht erwähnt ist. Alles ist renoviert und wir können uns im großen Schlafsaal zu zweit so richtig ausbreiten. Einige Lebensmittel erhalten wir in der kleinen Bar des Ortes. So haben wir alles, was wir brauchen, um den Tag gemütlich in der großen, wenn auch kalten Herberge ausklingen zu lassen.

22. Mai: Es geht eher unspektakulär ins Landesinnere bis Unquera – die letzte Stadt in Kantabrien. Über den Grenzfluss geht es nach Asturien, welches auf eine lange glorreiche Geschichte zurückblickt.
Asturien war die letzte christliche Bastion auf der Iberischen Halbinsel nach der Invasion durch die Araber. In den asturischen Bergen konnte 722 ein christliches Heer den Mauren die erste Niederlage in einer Schlacht beibringen. Von da an kam die Reconquista, die Wiedereroberung Spaniens in Schwung. Im 9. Jahrhundert erlebte das Land eine Blütezeit, in der die wichtigsten Bauwerke im vorromanischen oder asturischen Stil errichtet wurden. Von da an dehnte sich Spanien immer weiter nach Süden aus.

Bucht bei San Vicente de la Barquera

Es ist eine gebirgige Region, die sich viele Eigenarten, wie einen stark von der spanischen Hochsprache abweichenden Dialekt, bewahrt hat. Asturien hat eine besondere Beziehung zum Grab des heiligen Jakobus, das zum Zeitpunkt seiner Entdeckung 813 bereits im asturischen Einflussbereich lag. Auf einem geradezu luxuriös gestalteten Weg geht es den ersten Hügel hinauf. Immer wieder sind Jakobsmuscheln liebevoll in die Pflasterung eingelegt, steinerne Monolithen und dazwischen gelbe Markierungen sorgen dafür, dass es immer schwieriger wird, sich zu verlaufen. Typisch für Asturien sind die Hórreos, Maisspeicher, die auf Stelzen mit Steinplatten gebaut sind, um das Hochklettern von Mäusen zu verhindern. Diesen Hórreos begegnet man auf Schritt und Tritt, manche sind gut erhalten und restauriert, andere vom Verfall gezeichnet. Am Vormittag sehen wir das Meer nur von Weitem. Immer wieder geht man auf Asphalt, ein Stück sogar entlang der Nationalstraße. Bei der mittäglichen Einkehr können wir nun schon die Speisen unterscheiden. Langsam haben wir nämlich genug vom Bohneneintopf, einem asturischen Nationalgericht.
Für den Nachmittag folgen wir nach Empfehlung unseres Führers, nicht dem bezeichneten Jakobsweg, sondern dem Küstenwanderweg, der die gesamte Nordküste der Iberischen Halbinsel abdeckt. Damit liegen wir goldrichtig. Denn dieser zieht sich durch Busch- und Weideland knapp über der halsbrecherischen Steilküste dahin. Die mit Blumen besetzten Graspolster sind so verlockend, dass wir uns auf ihnen für ein Schläfchen ausbreiten. Das ist ein herausragender Höhepunkt der Pilgerreise: auf einer weichen Wiese in den Blumen zu liegen und nur das Rauschen des Meeres zu hören. Wenn man die Augen öffnet, fällt der Blick auf die sanften Wogen des Atlantiks und bizarre Felsgebilde. Mit Sonne wäre es noch schöner, aber wer weiß, vielleicht wäre es dann schon zu kitschig gewesen?

Es fällt uns schwer, wieder weiter zu gehen, aber ultreia … immer weiter! Viel schaffen wir heute allerdings nicht mehr. Wir kommen in das kleine Dörfchen Andrin und beschließen, uns hier nach einem Quartier umzusehen. Ich gestehe, dass ich etwas Komfort durchaus zu schätzen weiß, deshalb freue ich mich insgeheim, dass es hier keine Herberge, sondern nur zwei Drei-Stern-Hotels gibt, die beide sehr anziehend wirken. In das Hotel *Rural Andrin* fallen wir dann hinein. Es ist klein, nett und mit 59 Euro für zwei Personen auch nicht wirklich teuer. Da habe ich allein schon für Bruchbuden mehr bezahlt. Wir breiten uns im gemütlichen Zimmer aus, aber dann ruft das Meer. Einmal muss ich auf meiner Pilgerreise schon im Atlantik schwimmen gehen und ich fühle: heute oder nie. Also nehme ich mir Badehose und Handtuch mit. Sissy denkt gar nicht dran, denn die Sonne scheint nicht und wirklich warm ist es auch nicht. Es sind keine 10 Minuten Gehzeit zur Bucht von Andrin. Vom Klippenrand, auf dem eine vereinsamte Imbisshütte steht, geht man hinunter in die völlig naturbelassene Bucht mit herrlichem Sandstrand. Das Meer spült sanfte Wellen heran und die Felsen ringsum geben Schutz gegen unerwünschte Winde. Nur einige wenige Personen verlieren sich in dieser weiten, großartigen Landschaft. Einen Nachteil gibt es jedoch: Große Tafeln warnen vor gefährlichen Strömungen im Meer. So sollte man auf keinen Fall auf die rechte Seite der Bucht geraten, sonst wird man unweigerlich ins Meer hinausgezogen. Das flößt mir doch Respekt ein. Ich lege meine Kleider ab, ziehe die Badehose an und stürze mich – nein, eher wate ich vorsichtig – in die heranflutenden Wogen hinein. Wenn man mittendrin ist, wirken sie

Hórreo, ein asturischer Getreidespeicher

jedenfalls höher und mächtiger, als sie von außen scheinen. Das Wasser ist recht frisch, doch das kümmert mich nicht. Aber der Gedanke an die gefährlichen Strömungen verlässt mich nicht. So mache ich gerade ein paar Tempi in einer Wassertiefe, wo ich auch stehen könnte. Sissy hat mich schließlich eindringlich vor Verrücktheiten gewarnt. Aber immerhin, im Atlantik bin ich geschwommen. Ich kann meinen Blick nur schwer von der schönen Bucht von Andrin losreißen. Das Bedürfnis nach Wärme, die ich mir im Hotel verspreche, hilft mir aber entscheidend dabei.
Wir waren heute den dritten Tag zu zweit unterwegs und haben die zurückgelegte Strecke jeden Tag um 2 bis 3 km gesteigert. Jetzt ist auch Sissy schon gut im Rhythmus und der Rucksack plagt sie nicht mehr allzu sehr.

23. Mai: Draußen regnet es. Auf einem Höhenrücken nähern wir uns langsam, fast zäh, dem zentralen Küstenort Asturiens, Llanes, der eine mittelalterlich ummauerte Altstadt mit Marienkirche und drei Sandstrände sein Eigen nennt. Der Regen hat aufgehört, Wolken und Nebelfetzen schaffen eine mystische Stimmung. Endlich führt uns der Höhenweg hinunter nach Llanes. Heute ist Samstag und der Ort wirkt noch völlig ausgestorben. Sogar die Marienkirche ist jetzt, um 10.30 Uhr noch zu. Also machen wir uns rasch auf den Weiterweg.
Vorerst geht es noch der Küste entlang, vorbei an einem verlassenen Kloster, das in der totalen Abgeschiedenheit liegt. Dann führt der Weg wieder ins Landesinnere. Wir kommen in das Dorf Naves und setzen uns auf die Terrasse des Dorfwirtshauses zum Mittagessen. Es kommen immer wieder Männer heraus, die unter einer Dachtraufe eine für uns sehr merkwürdige Zeremonie vollziehen. Sie haben in einer Hand eine Flasche, und zwar mit Apfelmost, das Nationalgetränk Asturiens. In der anderen Hand tragen sie ein größeres Glas, das sie auf den Boden stellen. Die Flasche heben sie dann, so hoch sie können, also bis zur Dachrinne hinauf und kippen sie. Der Most rinnt dann aus gut zwei Metern in das am Boden stehende Glas. Dabei wird Einiges verschüttet und verspritzt. Das scheint jedoch niemanden zu stören. Was es mit dieser Zeremonie für eine Bewandtnis hat, kann ich nicht sagen.
Danach setzen wir unseren Weg ohne größere Höhepunkte im Landesinneren fort. Wir begegnen zwei ausgewachsenen Hausschweinen, die uns ein Stück des Weges begleiten. Wir sind aber an einer dauernden Gefährtenschaft nicht interessiert und sie nehmen das irgendwann mit

Verlassenes Kloster bei Llanes

einem resignierenden Grunzen zur Kenntnis. Heute Nachmittag ist unsere Motivation zum Weitergehen nicht mehr sehr groß und wir lassen uns daher nach eineinhalb Stunden durch die Schilder an einigen Pensionen, die Pilgern ein günstiges Arrangement versprechen, zum Bleiben verleiten. Jetzt, wo ich nicht mehr allein wandere, macht es mir nichts aus, wenn wir es gemütlicher angehen lassen. Dazu kommt noch, dass in der Dorfkirche eine Vorabendmesse (heute ist ja Samstag) stattfinden wird. Bei der nächsten Herberge, die in der Einschicht liegt, wäre ein Besuch der Messe nur mit halbstündigem Hin- und Rückmarsch möglich.
Pünktlich sitzen wir in der Kirche und warten – wie viele andere aus dem Dorf – auf die Vorabendmesse. Wer noch nicht da ist, ist der Priester. Mit einiger Verspätung kommt er doch, muss aber erst einmal die Kerzen anzünden und alles herrichten. Dann rattert er die liturgischen Texte und seine Predigt in einem Tempo herunter, das schon wieder fast bewundernswert ist. Jedenfalls sind wir deshalb bald wieder fertig. Ich nehme an, der Priester hastet zur nächsten Messe. Die Mitarbeit von Laien scheint in diesem Teil Spaniens noch unbekannt zu sein.

24. Mai: Es ist Sonntag und der letzte Tag entlang des Meeres wartet auf uns. Das Frühstück bereiten und verzehren wir am Bett. Draußen regnet es wieder. Am Vormittag geht es über angenehme Wege, von denen man ab und zu einen Blick auf das ferne Meer erhaschen kann, nach Ribadesella. Das ist ein Touristenzentrum mit makellosen Stränden, das laut Führer im Sommer seine Einwohnerzahl vervielfacht. Es regnet nach wie vor und wir lassen das Stadtzentrum und den Hafen am rechten Ufer des Flusses Sella gleich links liegen. Über einen Berg, vorbei am malerischen Kirchlein von San Esteban stoßen wir wieder auf die Küste. Es geht durch ein kleines, vom Tourismus noch nicht „verdorbenes" Dorf, La Vega. Außerhalb des Ortes, direkt am Strand, kommen wir an einem Restaurant vorbei, wo in einer Glasvitrine ein geradezu sensationelles Aufgebot von frischen Fischen wartet. Wir können nicht widerstehen (ein bisschen sind wir ja auch Touristen und nicht nur genügsame Pilger), gehen hinein und bestellen eine Fischplatte und eine Flasche weißen Rioja. Es muss ja nicht immer das übliche „Menu del dia" sein. Dafür kostet es auch einiges mehr.

Dann zeigt der Camino Norte an unserem letzten Tag am Meer noch einmal, was er zu bieten hat. Das Wetter hat sich gebessert. Schmale Wanderwege führen in einer ursprünglichen Natur oberhalb der Steilküste nach Westen. Schade, dass es nicht tagelang so dahingehen kann! Die Schönheit der wilden und unberührten Küstenlandschaft mit schmalen Wanderwegen könnte auch als Appell verstanden werden, den Küstenweg doch nicht zugunsten des Camino Primitivo zu verlassen. Doch unser Entschluss ist gefasst. Bei einem Vergleich der beiden Routen habe ich festgestellt, dass der Camino Norte ab jetzt auch nicht mehr sehr weit an der Küste entlangführt. Außerdem ist der Rest des Küstenwegs um mindestens eine Tagesetappe länger als der Camino Primitivo, über den außerdem die älteste Pilgerroute nach Santiago geht.

La Isla ist unser Etappenziel für heute. Wir wollen dort in einer direkt am Meer gelegenen Herberge übernachten. Da wir im Laufe des Tages nur zwei Pilger getroffen haben, gehen wir davon aus, dass sie nicht sehr voll sein wird. Im idyllischen Küstendörfchen La Isla fragen wir nach der Herberge und treffen dabei auf die resche Herbergsmutter Doña Angelita, die uns zuerst zu sich mitnimmt, wo wir bezahlen, uns in das Herbergsbuch eintragen und unseren Stempel in den Pilgerpass gedrückt bekommen. Dann führt sie uns zur Herberge, die wirklich wunderbar liegt. Aber welche Überraschung: Die Herberge ist voll. Wir finden gerade noch ein freies Stockbett, aber den Platz zum Aufhängen der nassen Sachen müssen wir uns erst mit viel Kreativität schaffen. Die Decken sind auch schon ausgegangen, aber Doña Angelita schafft noch zwei für uns herbei. Wir lernen viele neue Pilgerfreunde kennen, zum Beispiel die hübsche Christina aus Stuttgart, die kritische Asta aus Hamburg, Juan, den Spanier, das französische Ehepaar Jean-Marie und Josi, fünf Polen und andere mehr. Aber auch der mir aufgrund seiner Schnarchqualitäten schon bekannte Johannes aus

Steilküste bei La Isla

Magdeburg ist da. Ich nutze eine Regenpause und gehe zum Meer hinaus, um wehmütig Abschied zu nehmen. Für mich ist das der Anfang vom Ende des Jakobsweges.
Die Polen kochen Spaghetti und laden alle dazu ein. Im neu gewonnenen Freundeskreis trinken wir ein Glas Wein und ziehen uns dann in unser Stockbett im Schlafsaal zurück. Die Nacht ist begleitet von einem symphonischen Schnarchkonzert, aber irgendwann gewöhnt man sich an alles.

25. Mai: Am Morgen schafft es erstaunlicherweise jeder, trotz gleichzeitigem Aufstehen im Wirbel die Übersicht zu bewahren und seine Siebensachen von den einzelnen Depots in die Sicherheit des eigenen Rucksacks zu bringen. Irgendjemand verkündet, dass wieder Regen angesagt ist, aber alle nehmen es mit Gleichmut auf. Wir folgen der Straßenvariante, die der Führer für den Fall einer überfluteten Wiese anbietet. Über eine steinalte, mit Efeu überwachsene Brücke geht es nun unwiderruflich ins Landesinnere. Im kleinen Dorf Priesca steht eine sehenswerte präromanische Kirche. Die kleineren Kirchen in Spanien sind alle versperrt. Für diese hätten wir uns sogar im bezeichneten Haus den Schlüssel geholt. Das ist aber nicht notwendig, weil vor uns andere Pilger (Jean-Marie, Josi und Juan) das schon getan haben. Die Schlüsselverwahrerin erklärt auch uns noch einmal voller Begeisterung die Zeugnisse der fast schon im Dunkeln versunkenen Zeit.
Der Schlamm hat mich wieder! Auch Sissy kommt heute nicht umhin, die neue Fortbewegungsart des Schlammhüpfens kennenzulernen. Bei ihr ist der Matsch aber so gemein, den Stöpsel eines Walking-Stocks für sich

zu behalten. Keine Chance, ihn wieder zu finden. Wir ziehen unter einer himmelhoch aufragenden Autobahnbrücke durch, bewundern aber lieber das kleine verfallende und verwachsene Brücklein, über das wir gerade gehen. Ein Kontrast, der sich leider nicht auf ein Foto bannen lässt. So schön die Wege angelegt sind, der Morast verleidet sie uns und wir schlagen uns lieber auf die Straße. Da kann man die Landschaft ungestörter genießen. Auf einer Hauptstraße erreichen wir die Stadt Villaviciosa. Es ist mitten am Nachmittag, aber wir bekommen im Hinterzimmer eines einfachen Lokals an der Hauptstraße noch ein ausgiebiges Mittagsmenü. Dann schlendern wir Richtung Altstadt, denn heute haben wir mit guten 22 km genug. Da stoßen wir auf Christina, die in der zentralen Altstadt ein „schnuckeliges" Hotel aufgetrieben hat, in dem Pilger das Doppelzimmer für 35 Euro bekommen. So folgen wir ihr in das Hotel *Carlos I.*, das tatsächlich den Charme früherer Zeiten ausstrahlt. Im Hotel kann man auch die Wäsche waschen lassen und Christina sammelt von uns und der französischen Pilgerin Lydi, die wir hier kennenlernen, die Wäsche ein, damit es sich auszahlt. Sie hat auch schon Asta, das französische Ehepaar Jean-Marie und Josi sowie Juan ausfindig gemacht und wir verabreden uns für den Abend. Sissy und ich klappern die Sportgeschäfte der Stadt ab und fragen nach einem Stöpsel für Sissys Stock. Denn auf Asphalt ist das Klacken des Stahldorns wirklich nervenaufreibend. Ich habe den Eindruck, dass Nordic Walking hier noch nicht bekannt, geschweige denn Zubehör für Stöcke erhältlich ist. So kaufen wir ein Isolierband und Sissy bastelt sich aus einem Plastikkorken und Isolierband ein gar nicht so schlechtes Stock-„Präservativ".
Am Abend treffen wir uns mit all unseren Pilgerfreunden in einem netten Lokal. Dort werden Geschichten und Pläne ausgetauscht. So nimmt ein gemütlicher Pilgertag im gemeinsamen Gespräch ein geselliges Ende.

26. Mai: Am Morgen geht es westwärts aus der Stadt hinaus. In einer Stockwerkstatt (auch so etwas gibt es) bekommt Sissy ein brauchbar erscheinendes Hütchen für ihren Problemstock. Immer wieder treffen wir unsere Freunde, mit denen wir gestern Abend zusammengesessen sind. Wir kommen an die Kreuzung, wo der Camino Primitivo beginnt und der Camino Norte auf Gijon zuführt. Asta hat sich entschieden, auf dem Küstenweg zu bleiben. Wir anderen wenden uns Richtung Oviedo, wo der älteste aller Jakobswege dann so richtig beginnen wird.

Umgebung von Villaviciosa

Das Highlight des heutigen Tages soll das Zisterzienserkloster Valdedios sein. Die präromanische Kirche stammt aus dem 9., das Kloster selbst aus dem 13. Jahrhundert. Unser Führer empfiehlt einen Umweg, um sich diese Perle nicht entgehen zu lassen, denn der markierte Jakobsweg führt außer Sichtweite vorbei. Wir sind etwas vor den anderen Richtung Valdedios eingebogen und sehen, dass sie an der Abzweigung vorbeigehen. Da sie auch vorhatten, das Kloster zu besuchen, machen wir sie durch Rufe aufmerksam. Sie haben aber offensichtlich kein Vertrauen in unsere Wegweisungskünste. So gelangen wir zwei alleine in „das Tal des Herrn", was Valdedios übersetzt heißt. Das alte Kirchlein San Salvador liegt einen Steinwurf neben dem Kloster. Wir lösen ein Ticket für eine Führung, um dieses 1000-jährige Bauwerk zu besichtigen. Ein junger Mann, der nur seine Muttersprache beherrscht, versucht uns möglichst viel von diesem Schatz zu vermitteln. Ich weiß, dass ich mir Details ohnehin nicht merken werde und beschränke mich auf ein bewunderndes Staunen.
Nach dem Besuch im Kloster geht es den Berg hinauf. Von oben hat man erst den richtigen Überblick über diesen riesigen Komplex, der den gesamten Talschluss beherrscht. Der junge Mann, der uns geführt hat, sprach von nur mehr drei Mönchen, die sich in diesem enormen Areal verlieren. Wird es unsere Generation wirklich dahin bringen, eine 1000-jährige mönchische Kultur auszutrocknen?
Der Anstieg geht recht ambitioniert einen schmalen Weg 200 Höhenmeter zum Pass Alto de Campa hinauf. Unterwegs kommen wir an einem süßen kleinen Hund vorbei, der uns ab jetzt nachläuft. Wir überlegen uns schon, was wir mit ihm machen sollen, denn weit und breit ist keine menschliche Behausung mehr zu sehen, da treffen wir auf die Französin Lydi,

die am Wegesrand jausnet. Ab sofort hat der Hund an uns kein Interesse mehr. Endlich haben wir die Passhöhe erreicht, über die eine Straße führt und wo es auch ein Gasthaus gibt. Wir lassen uns die Gelegenheit für ein Mittagessen nicht entgehen. Es sind unglaublich große Portionen, die uns serviert werden. Von der Vorspeise landet beim Kosten aus Versehen gleich ein Teil auf dem Boden. Zur Hauptspeise gibt es Schnitzel. Ein Arbeiter auf dem Nachbartisch sieht, dass unser Schnitzeltablett leer ist, und will uns hungrigen Pilgern einen guten Dienst erweisen. Mehrmals versucht er, Sissy sein übrig gebliebenes Schnitzel aufzudrängen. Sissy wehrt zweimal ab, schließlich gibt sie nach und verpackt es für eine künftige Jause. Das sieht die Kellnerin, die wie eine Furie nicht auf uns, sondern auf den Arbeiter losstürzt und ihn beschimpft. In vielen spanischen Restaurants scheint es üblich zu sein, so reichlich an Speisen zu servieren, dass man sie gar nicht vertilgen kann. So dokumentiert man die gute Versorgung in diesem Haus. Das, was nicht gegessen wird, kommt in die Küche zurück und wird für den nächsten Gast neu drapiert. Das heißt, es ist fest einkalkuliert, dass bei jedem etwas übrig bleibt. Das haben der Arbeiter und wir diesmal gründlich vereitelt. Schließlich leiste auch ich meinen Beitrag zur dieser mittäglichen Slapstick-Show und leere Sissy das Wasserglas über die Nachspeise. Wir verraten garantiert niemandem, aus welchem Land wir kommen und verlassen fluchtartig das Lokal, in dem es uns so gut geschmeckt hat.

Es geht den Berg hinunter und dann etwas langweilig bis Pola de Siero. Dieses Attribut trifft nach unserem Eindruck auch auf die immerhin 50.000 Einwohner zählende Stadt zu. Auf der Suche nach einer Bleibe für die Nacht treffen wir wieder Lydi, die sich ebenfalls nach einem Quartier umsieht. Wir tun uns zusammen und finden das Drei-Stern-Hotel *Loriga*. Lydi verzieht aufgrund des Preises schmerzlich das Gesicht. Weil es nicht viele andere Möglichkeiten gibt, nehmen wir es. Um es Lydi

Süßer Wegbegleiter auf Zeit

budgetär leichter zu machen, biete ich ihr an, dass wir uns ein Dreibettzimmer teilen könnten. Sie ist sich möglicherweise nicht sicher, ob es sich dabei um ein unsittliches Angebot handelt, und nimmt sich lieber ein Einzelzimmer. Das Hotel hat auch schon bessere Zeiten gesehen, das Wasser wird nur lauwarm und wenn irgendwo im Stock die WC-Spülung betätigt wird, glaubt man, ein störrischer Esel fängt zu brüllen an. Der „Ruf des Esels“ lässt uns einige Male aus dem Schlaf auffahren, aber immer noch besser als der Dauerlärmpegel der Schnarcher in so mancher Herberges.

27. Mai: Der Morgen verwöhnt uns mit schönem Wetter und wir machen uns auf, die 17 km nach Oviedo hinter uns zu bringen. Einzig sehenswert auf dieser Strecke ist ein Palast samt Kirche in Privatbesitz. Auf dem Weiterweg hält uns eine Frau auf, die aus einem kleinen Haus eilt. Sie gibt uns eine Ein-Euro-Münze und bittet uns, diese für sie in der Kathedrale von Santiago einzuwerfen. Das sagen wir gerne zu.
Über eine alte Römerbrücke und nach einer endlosen Vorstadt erreichen wir unser Ziel. Oviedo ist die Hauptstadt Asturiens und hat sich aus der Zeit, wo hier der Mittelpunkt ganz Spaniens war, viel an Bedeutung und Größe bewahrt. Eine prachtvolle große Altstadt, großzügige Boulevards und viele Stätten der Gastlichkeit verleihen dieser Stadt einen anziehenden Charme. Wir finden in einer kleinen Pension ein freies Zimmer. Die Pensionswirtin empfiehlt uns ein typisch asturisches Lokal fürs Mittagessen. Dort angelangt, stellen wir fest, dass die ganze Gasse aus Lokalen besteht, die für Touristen auf asturisch getrimmt sind. So erweckt jedes Gasthaus den Anschein, als habe sich seit dem Mittelalter nichts verändert. Da passen sogar die Verkaufsstände im Lokal dazu. Wir gehen in die erste dieser Touristenschwemmen hinein und bestellen unser obligates Mittagsmenü. Sissy muss unbedingt den Sidra (das ist der typische asturische Apfelmost) probieren. Auch hier hebt der Kellner die Flasche – soweit er kann – nach oben und leert etwas in das am Boden stehende Glas. Diesmal ist es mitten im Lokal, wo „gepritschelt“ wird. Das gehört aber hier offensichtlich dazu. Vom Geschmack her erinnert der Sidra an unseren Most.
Von unseren Kollegen auf dem Jakobsweg sehen wir in der Menschenmenge nichts mehr. Am Nachmittag besichtigen wir den triumphalen Dom samt Kreuzgang und zugehörigem Museum inklusive Schatzkammer. Dann flanieren wir durch die prächtigen Boulevards und bewundern die gelungene Mischung aus Alt und Neu. Diese Stadt hat Atmosphäre!

Römerbrücke vor Oviedo

Von Oviedo nach Santiago de Compostela (28. Mai bis 9. Juni)

28. Mai: Der wunderschöne Morgen macht uns besondere Lust auf den Camino Primitivo, der hier erst so richtig beginnen soll. Aus Oviedo herauszufinden, ist nicht immer ganz einfach, obwohl die Stadt noble Metall-Pilgermuscheln in die Bürgersteigpflasterung eingelassen hat.
Nach Oviedo sind schöne Wanderwege über sanfte Hügel für uns ausgebreitet. Auch ein Gasthaus für einen Vormittagskaffee ist genau richtig platziert. Die herrliche Frühsommer-Stimmung hat leider auch meinen Heuschnupfen zu neuem Leben erweckt. Aber es gibt Schlimmeres. Gemütlich bummelnd ziehen wir weiter zur Brücke von Penaflor, wo eine äußerlich nicht unbedingt vertrauenerweckende Bar zu einem Mittagsmenü einlädt. Das Essen und der Wein sind aber in Ordnung und sogar rekordverdächtig billig. Da wir heute so richtig im gemütlichen Pilgern drinnen sind, kommt uns nach dem Essen ein Obsthain mit Halbschatten für ein Mittagsschläfchen gerade recht.
Im Tageszielort Grado fragen wir auf Empfehlung unseres Führers in einer Bar nach einem Zimmer. Die Bars und Gastzimmer sehen übrigens in Nordspanien meist nur nach dem Aufsperren sauber aus. Oft findet man nämlich buchstäblich alles, was nicht mehr gebraucht wird, wie

Kloster San Salvador bei Cornellana

Zigarettenkippen, Nussschalen, zerknülltes Papier und Ähnliches auf dem Boden. In so einer Bar wühlen wir uns durch den Kehricht zur Theke und der mürrische Wirt weist uns ein Zimmer im ersten Stock zu. Dass die Bescheidenheit nicht zu seinen Vorzügen zählt, stellen wir beim Zimmerpreis fest. Aber wenn man nach einem Pilgertag einmal in einem Quartier angelangt ist, bringt einen fast nichts mehr hinaus. Also richten auch wir uns häuslich ein und genießen anschließend noch eine schöne halbe Stunde in der Abendsonne auf einer Bank am Ufer eines Baches. Vorbeiwackelnde Kleinkinder mit ihren umsorgenden Müttern erinnern uns an die Enkelkinder daheim. Das Glas Rioja, nach dem mich gelüstet, kippe ich dann lieber nicht an der vermüllten Bar, sondern nehme es mit aufs Zimmer.

29. Mai: Wir tauchen in den Morgennebel ein und bald wieder heraus, weil es leicht, aber stetig aufwärts geht. Ein wunderschöner Tag wartet auf uns. Die Buntheit und Vielfalt der Blumen entzückt. Eine mir bisher völlig unbekannte Orchideenart fasziniert mich besonders. Ihre violetten Köpfchen schauen wie traurige längliche Gesichter vom Straßenrand zu, was sich hier so alles abspielt. Eine großangelegte Autobahnbaustelle begleitet uns fast den ganzen Vormittag. Der Jakobsweg ist umgeleitet, aber im Unterschied zu Frankreich ist auch die Umleitung gut ausgeschildert. Da hält man auch die vorbeidonnernden Laster und den von ihnen aufgewirbelten Staub besser aus – auch entlang der Hauptstraße. Als wir wieder zurück auf dem Jakobsweg sind, hoffen wir, dass der „Primitivo" seinem Namen wieder mehr gerecht wird. Vor dem Ort Cornellana lädt uns ein großzügiger schattiger Park zur Mittagsrast ein. Anschließend gehen wir an diesem Ort auf einem schönen Uferweg vorbei auf das im-

posante Kloster San Salvador zu. Das Bauwerk trauert still den besseren Zeiten nach, die es einmal gesehen haben muss. Nur ein kleiner Teil der riesigen Anlage scheint nicht dem Verfall preisgegeben zu sein.
Der Nachmittag bringt traumhafte Wege unter dem hohen Blätterdach von Mischwäldern, das genauso viele Sonnenstrahlen durchlässt, wie es angenehm ist. Immer wieder läuten die tiefblauen Glöckchen fast mannsgroßer Fingerhüte unhörbar ihren Lobpreis der Schöpfung. Bei solchen Bedingungen rollen die Kilometer eigentlich viel zu schnell unter unseren Füßen hindurch. Wir erreichen das Bergstädtchen Salas mit einer gut erhaltenen mittelalterlichen Altstadt. Die Herberge liegt eine halbe Stunde außerhalb des Ortes. Deshalb gehen wir in das Hotel *Castillo Valdés*, das in dem ehemaligen Palast untergebracht ist. Hier atmen wir in einem geräumigen Innenhof ein wenig das Flair eines orientalischen Paradiesgärtleins. Auch das ganze Haus und natürlich unser Zimmer vereinen perfekt den Charme vergangener Jahrhunderte mit dem Luxus unserer Zeit. Das hat natürlich seinen Preis (75 Euro pro Person), auch wenn uns ein Pilgerrabatt von 10 Prozent zugesagt wird. Ein Bummel durch das Städtchen endet auf einer Bank im nahen Stadtpark unter Palmen. Ab und zu tut es schon gut, die Bescheidenheit des Pilgerlebens gegen die Annehmlichkeiten des Touristenlebens einzutauschen.

30. Mai: Der Komfort unseres mittelalterlichen Palasthotels verwöhnt uns auch noch beim Frühstück. Im Gegensatz zu den sonstigen Tagen brechen wir daher um die Leibesmitte gut verstärkt zu unserem knapp 20 km entfernten Tagesziel Tineo auf. Eine wildromantische Schlucht, in der wir auch einigen einheimischen Wanderern begegnen, bringt uns rasch wieder zum Schwärmen über die Schönheit „unseres“ Primitivo. Wie immer folgt der Dämpfer auf dem Fuß. Es ist zwar nur ein kleiner, aber der Bau der Autobahn hat auch diese Gegend erreicht und das Fortschreiten der Zivilisation frisst die romantischsten Fleckchen auf. Wir kommen an Alejandros Herberge vorbei, die in unserem Führer besonders empfohlen ist. Alejandro hat nach mehrmaligem Beschreiten des Jakobsweges seinen Job als Taxifahrer in Madrid an den Nagel gehängt und hier ein altes Steinhaus erworben. Dieses hat er liebevoll renoviert und mit Kamin, Bibliothek und so weiter originell und gemütlich gestaltet. Das Essen bei angenehmer Musik wird mit den Herbergsgästen gemeinsam zubereitet. Schade, dass wir erst 7 km von Salas hergegangen sind, denn hier hätten wir auch gerne

übernachtet. Aber was sollen wir in dem winzigen Bergdörfchen den Rest des Tages anfangen? Also ultreia … immer weiter!
Wenig später treffen wir – das erste Mal seit Oviedo – wieder einmal eine Pilgerin und sogar eine Bekannte. Es ist Lydi, mit der wir die letzte Nacht vor Oviedo gemeinsam ein Hotel gesucht haben. Sie sitzt am Wegesrand und jausnet. Wir freuen uns über das Wiedersehen. Sie hat heute Nacht auch in Salas geschlafen, allerdings ist sie, wie es einer Pilgerin ansteht, in dem günstigeren Hotel abgestiegen.
Wir haben ein Hochtal erreicht, das im Unterschied zu unseren Tälern sehr weit und flach ausgefaltet ist. Der Camino Primitivo führt am sanften Südhang etwas oberhalb der Talsohle dahin. Das ist gut so, denn unten pulsiert das geschäftige Leben unserer motorisierten Gesellschaft. Von links grüßt weit entfernt ein Gebirge, das bei diesem Kaiserwetter das Panorama bereichert. Es ist auch für uns Zeit für die Vormittagsjause. Sissy sucht dafür die Steinplatten einer uralten Stiege zu einer Scheune aus. Da durchzuckt mich ein Schreck! Wo ist meine Uhr? Ich habe die Gewohnheit, sie am Morgen an meinen Gürtel zu hängen, denn am Handgelenk ist sie mir bei schweißtreibenden Wetterverhältnissen unangenehm. Ich gehe in Gedanken die Wegstrecke von heute noch einmal durch und überlege, wie weit ich wohl zurückgehen muss, um eine Chance zu haben, sie wiederzufinden. Sissy soll einstweilen eine längere Rast einlegen. Da entdecke ich – mehr durch Zufall als durch Absicht – im hohen Gras zu meinen Füßen die Uhr. Ich hatte sie nicht in meinen Gürtel, sondern in den Bauchgurt meines Rucksacks eingehängt.
Wir kommen am frühen Nachmittag nach Tineo. Die Herberge liegt in der prallen Nachmittagssonne etwas außerhalb des Ortes und der Herbergswirt wartet schon mit Fernglas auf die ersten Pilger. Er ist nicht nur neugierig, sondern ungemein redefreudig und beantwortet unsere Fragen mit sehr umfassenden Antworten. So verstehen wir wenigstens einen kleinen Teil.
Für heute haben wir noch ein umfassendes Programm. Wir nähern uns der Königsetappe und werden die nächsten zwei Tage keine Gelegenheit mehr haben, in einem Geschäft einzukaufen. Es ist Samstagnachmittag. Vorerst sollte sich noch ein Mittagessen ausgehen (Teil 1). Dann hoffen wir einen offenen Supermarkt vorzufinden (Teil 2) und am Abend möchten wir die Vorabendmesse besuchen (Teil 3), die es in dieser kleinen Stadt sicher gibt. Soweit unser Wunschprogramm. Teil 1 mit dem Mittagessen

funktioniert. Der Wirt beschreibt uns den Weg zu einem etwas abseits liegenden Restaurant, wo die Wirtin schon auf uns zu warten scheint, weil wir jetzt um 15 Uhr die einzigen Gäste sind. Das Pilgermenü ist gut, reichlich und billig. Dann eilen wir in den Ort und stellen mit Entsetzen fest, dass alle Supermärkte geschlossen haben. Auch der Markt, den uns der Wirt bezeichnet hat, ist zu. In unserer Verzweiflung fragen wir sogar einen Polizisten. Auch er verweist uns an den Laden, den wir schon verschlossen vorgefunden haben. Na ja, es kann nichts schaden. Gehen wir noch einmal hin. Jetzt wartet schon jemand vor dem Laden. Das gibt uns Hoffnung. Pünktlich um 16 Uhr wird aufgesperrt und wir können uns mit Proviant für die nächsten beiden Tage eindecken. Teil 2 ist also ebenso gut gegangen, wenn auch unter Beanspruchung unseres Nervenkostüms. In der Herberge ist mittlerweile auch Lydi angelangt. Auch Teil 3, der Besuch der Abendmesse, funktioniert, aber erst nach längerer Suche der gut versteckten Kirche und geduldigem Warten vor verschlossener Tür, weil ich offensichtlich die Uhrzeit falsch verstanden habe.
Zurückgehrt in die Herberge stellen wir fest, dass sich diese ganz schön gefüllt hat. Der Hospitalero, der mit anderen Freiwilligen der Organisation „Mater Christi“ ehrenamtlich arbeitet, ist unglaublich engagiert und bleibt hier, bis sich der letzte von uns Pilgern zum Schlafen zurückzieht. Erst dann geht er heim zu seiner Familie. Was seine Frau wohl von seinem ausgedehnten Einsatz hält?

31. Mai, Pfingstsonntag: Morgen wollen wir die Königsetappe über zwei Pässe angehen. Weil sie doch etwas anstrengender sein wird, müssen wir heute in Borres in der Herberge übernachten. Unser Führer warnt, dass es dort weder Bar, Laden noch Kochgelegenheit gibt. Im Morgendunst setzen wir unseren Weg am Berghang fort. Wie auf einem kilometerlangen Blumenbalkon wandern, nein, schwelgen wir dahin. Nicht nur am Meer ist es schön! Der Weg zieht sich über eine langgezogene Bergkuppe mit eher kärglicher Vegetation. Aber auch diese blüht und duftet in der satten Buntheit des Frühsommers. Wir hatten angenommen, die Bezeichnung „Primitivo“ hänge auch damit zusammen, dass wir hier fern der Zivilisation sein werden. Das hat sich allerdings als große Täuschung erwiesen. Sogar hier oben, wie auch fast auf jeder anderen namhaften Bergkette, drehen oder stehen die überdimensionalen Räder der Windkraftwerke. Gegen sie hätte sich nicht einmal Don Quijote anzugehen getraut. Es

Kloster San Maria Real von Obana

geht den Hügel hinunter durch einen wunderschönen Mischwald bis zu einer Wegkreuzung. Hier kann man sich entscheiden, ob man den kurzen Abstecher zum Kloster San Maria Real von Obana auf sich nimmt oder gleich weitergeht. Wir stechen ab und bereuen es nicht. Die Atmosphäre dort bezaubert uns. In die Kirche kann man sogar hinein. Die Verantwortlichen für das Gebäude scheinen sich nicht ganz im Klaren zu sein: verfallen lassen oder erhalten? Das Innere ist schon ganz schön heruntergekommen, aber immer noch in Verwendung. Das einfallende Sonnenlicht schafft eine großartige mystische Stimmung. Auch in den weitläufigen Nebengebäuden sind Spuren der Hoffnung, also einer Renovierung, zu sehen. Vor Kurzem muss hier sogar eine Hochzeit stattgefunden haben. Wir lassen uns in der Wiese des ehemaligen Klosterhofs nieder und halten unsere Vormittagspause. Dann wandern wir wieder zurück zum Jakobsweg und weiter durch den schönen Wald. Aber auch dieser findet sein Ende und den Rest des Tages geht es über schmale Asphaltstraßen, welche die kleinen Dörfchen miteinander verbinden. Auch im erzkatholischen Land Spanien kann man heute, am Pfingstsonntag, Bauern bei der Arbeit, in erster Linie bei der Heuernte, beobachten. Die letzte Bar vor der Königsetappe ist laut Führer bei der Wirtin Herminia im Weiler Campiello. Dort kehren wir ein und staunen: Der mittelgroße Raum dient als Bar, als Gemischtwarenhandlung und auch als Restaurant. Entsprechend bunt und abwechslungsreich ist das Treiben hier bei Herminia. Nach längerer Zeit

des Wartens und Staunens erhalten wir eine riesige Schüssel Gemüseeintopf mit Fleischstücken und den Befehl, aufzuessen. Wir werden im Laufe des Essens den Eindruck nicht los, dass Herminia alles, was im Laden nicht mehr zu verkaufen ist, hier im Restaurant einer Verwertung zuführt. Während wir unsere Speisen verzehren, versucht uns Herminia zu überzeugen, dass wir bei ihr über Nacht bleiben sollen, sie habe schöne Zimmer. Der Preis dafür stellt ihrer Geschäftstüchtigkeit ein hervorragendes Zeugnis aus. Außerdem hätten wir dann zur Königsetappe noch einmal 5 km zusätzlich zu bewältigen. Also danken wir und ziehen von dannen. Nach einer guten Stunde sind wir in der Herberge von Borres. Diese ist im Erdgeschoss einer früheren Dorfschule untergebracht und nicht ständig betreut. Lydi ist schon da und wenig später lässt sich eine Spanierin, die wir schon im verfallenden Kloster getroffen haben, mit dem Auto bringen. Ich allein mit drei Frauen in der Herberge – das ist ja erfreulich! Natürlich nur unter dem Aspekt der zu erwartenden schnarchfreien Nacht.
Es ist noch nicht spät und ich ziehe mich zu einem Schläfchen in den Halbschatten des nahen Wäldchens zurück. Als ich in die Herberge zurückkomme, stelle ich fest, dass ich mich wieder einmal zu früh gefreut habe. Es kommen noch eine Menge Pilger, darunter sogar eine alte Bekannte: Christina aus Stuttgart ist auch dabei, außerdem Kosima, eine Deutsche, die in Norwegen arbeitet und dort ihren Jakobsweg begonnen hat (zuerst per Rad, jetzt zu Fuß), die spanische Mountainbikerin Dea und einige andere junge Leute. Sie erzählen begeistert von der letzten Herberge, wo sie gemeinsam gekocht, gelacht und getrunken haben. Auch hier bringen sie gleich eine jugendliches Lebensgefühl herein. Es ist alles noch einmal viel lockerer und voller Schwung. Die Herberge ist zu klein und der Betten sind zu wenig. Wer kein Lager mehr findet, geht zu Herminia zurück, um dort zu übernachten. Die anderen gehen als Begleitung mit, um später zum Schlafen zurückzukommen.
Das ist ein Phänomen am Jakobsweg: Man trifft Menschen aller Altersstufen, vieler Nationen, arm und reich und alle strahlen etwas aus, das man wahrscheinlich Glück nennen könnte.
In der Herberge ist es schlagartig still geworden. Lydi und einige andere trauen sich die die klassische Route über die Berge für morgen nicht zu und wählen den etwas weiteren Weg, der aber mittendrin eine Nächtigungsmöglichkeit bietet. Die Nacht verläuft ruhig und ich kann mich nicht erinnern, wann die Jugend von Herminia zurückgekommen ist.

1. Juni: Heute wartet die Königsetappe von Borres nach Berducedo auf uns. Es sind zwar nur rund 25 km, aber es geht auf einen echten Berg (schwache 1000 Höhenmeter) hinauf und wieder herunter und das nötigt Vielen einen gehörigen Respekt ab. Da sich wieder ein wolkenloser Tag ankündigt, ist das wichtigste Gebot, früh wegzugehen. Sissy und ich schleichen uns also bei Dunkelheit aus dem noch ruhigen Schlafsaal und improvisieren im Vorraum ein Frühstück. Im Morgengrauen brechen wir auf und sind sofort verzaubert vom zarten Heraufdämmern eines prachtvollen Tages. Im Tal wabern noch die grauen Nebelschleier und wir begeben uns – schon von den ersten Sonnenstrahlen umschmeichelt – immer höher den Berg hinauf. Die Vegetation wird bald spärlicher. Beim Anstieg auf dem sehr langen Osthang preisen wir unseren Entschluss, so früh dran zu sein. Jetzt ist die Hitze gerade noch erträglich. Bald haben wir den steilen Anstieg hinter uns gebracht. Ein ausgebleichtes Pferdegerippe am Weg macht uns leicht schaurig bewusst, dass wir jetzt doch ein wenig in das Primitive des Primitivo eingetaucht sind. Pferde- und Rinderherden genießen hier oben die uneingeschränkte Freiheit der weiten Berglandschaft. Wir bleiben besonders den Rinderherden respektvoll fern, denn mit den muskelbepackten Stieren möchten wir lieber keine nähere Bekanntschaft schließen. In den tiefblauen kleinen Seen spiegelt sich das einzigartige Panorama der asturischen Berglandschaft. Es sind zwar keine schroffen Gipfel, sondern sanfte Höhenzüge mit weit ausladender Fernsicht, aber das kann

Eine verfallene Herberge aus dem Mittelalter

die Faszination nicht beeinträchtigen. Wieder einmal wird mir bewusst, wie sehr die Stimmung vom Wetter abhängt. Wenn es Wolken und Nebel gäbe (von Regen und Sturm will ich gar nicht reden), wäre es wohl alles andere als schön hier oben. Nach etwa zweieinhalb Stunden haben wir den höchsten Punkt mit 1216 m erreicht. Jetzt geht es längere Zeit auf einer Höhe von 1100 m dahin, wobei wir zwei Pässe hinter uns lassen.
Wir bewegen uns auf uralten Pilgerpfaden. Immer wieder wandern wir an verfallenen Hospitales, das sind Pilgerherbergen aus dem Mittelalter, vorbei. Die Berghänge sind zwar nicht üppig bewachsen, aber die Heidepflanzen tun ihr Möglichstes, uns mit ihrem schönsten Blütenkleid zu erfreuen. Beim Abstieg vom zweiten Pass lagern wir am Wegrand und verringern unsere Vorräte. Da kommen hoch zu Ross fünf Reiter daher, die freundlich zu uns herunter grüßen. Bequemer haben es die Reiter, aber wir fühlen uns dafür sicherer auf den eigenen Beinen. Schön langsam erreichen wir wieder bewohnte Regionen. Das erste Dorf ist allerdings wie ausgestorben. Es liegt wunderbar malerisch auf einem Berggrat, aber das dürfte die Bewohner auf Dauer doch nicht zufriedengestellt haben. Je weiter wir hinuntersteigen, desto heißer brennt die Sonne. Schützenden Wald gibt es noch nicht und die einzige Wasserstelle bei einem verfallenen Hospital war nicht vertrauenerweckend genug, um unsere Flaschen aufzufüllen. Da kommt uns das erste richtige Dorf, Lago, mit einer Bar doch sehr gelegen. Die fünf Reiter sind schon da, begrüßen uns erfreut und wollen uns gleich auf einen Drink einladen. Es folgt die übliche Konversation mit dem Erörtern des Woher und Wohin. Frisch gestärkt durch kühle Getränke brechen Sissy und ich noch vor den Reitern wieder auf. Es dauert aber nicht lange, da preschen sie in leichtem Galopp als eindrucksvolle Formation an uns vorbei. Mitten am Nachmittag erreichen wir unser Tagesziel Berducedo. Beim Eingang in den Ort kommen wir an der Herberge vorbei. Es dürfte eine frühere Dorfschule gewesen sein. Pilgerwäsche hängt zum Trocknen draußen, aber die Türe ist zu. So gehen wir weiter zur Bar, wo wir laut Führer den Schlüssel holen können. Die Barfrau hat eine Stimmung, als wäre heute schon der siebte Regentag hintereinander, und keinen Schlüssel. Den hat sie schon den Pilgern vor uns gegeben. Also wieder zurück zur Herberge und warten. Mittlerweile ist auch Kosima, die Deutsche aus Norwegen, gekommen und zu dritt lassen wir uns ungemütlich an der Hausmauer nieder. Ein nettes Fleckchen zum Ausruhen gibt es leider nicht. Unsere Hochstimmung hat sich mittlerweile

schon ins Gegenteil verkehrt. Eine lange Bergetappe zu bewältigen und dann nicht in die Herberge hineinzukönnen, ist nicht besonders erfreulich. In der Langeweile des Wartens schaue ich noch einmal in den Führer und stelle fest, dass es im Ort noch eine zweite Bar geben muss. Ich begebe mich sofort dorthin und wen finde ich? Es ist die „Soldatengruppe", Jean-Marie, seine Frau Josi und Juan, die wir schon vom Camino Norte und Villaviciosa kennen. Dazu gestoßen ist ein weiterer Spanier, Ramon. Sie kommen von der Ausweichroute, haben in der Bar noch ein Essen bekommen und lassen den Nachmittag gemütlich ausklingen. Ja, natürlich haben sie den Schlüssel. Auf meinen Vorwurf in bemüht nettem Ton, dass man einen Herbergsschlüssel nicht mitnehmen solle, damit nicht alle anderen vor verschlossener Tür stünden, ernte ich nur bei Jean-Marie Verständnis und eine Entschuldigung. Jedenfalls können Kosima und wir endlich in die Herberge. Im Laufe des Abends begrüßen wir einen Neuankömmling nach dem anderen, darunter auch den begnadeten Schnarcher Johannes, der mir vom Camino Norte schon gut bekannt ist. Eine ältere Französin, Jacqueline, die allein unterwegs ist, lernen wir ebenfalls kennen. Aber es kommen immer noch mehr. Ein Paar aus der Schweiz mittleren Alters ist heute Morgen in Tineo aufgebrochen. Die beiden haben sich auf die in ihrer Karte eingezeichneten Hospitales verlassen. Zu ihrem Entsetzen mussten sie feststellen, dass das der Status vor ein paar hundert Jahren war, jetzt aber nur mehr Ruinen ihre ungastlichen Mauern anbieten. So blieb ihnen nichts anderes übrig, als bis hierher durchzumarschieren. Obwohl – es ist eher ein erbarmungswürdiges Hinken und Humpeln. Beide sind völlig fertig, bestellen sich ein Taxi und brechen den Jakobsweg ab. Wir anderen rücken zusammen. Einem jungen Spanier leihe ich meine Iso-Matte, die ich bisher überflüssigerweise mit mir herum geschleppt habe. Allen merkt man aber doch die Zufriedenheit an, das entscheidende Stück des Primitivo heute geschafft oder zumindest umgangen zu haben.

2. Juni: Die Nacht ist sehr stickig und – wie immer – nicht leise. Sissy und ich gehören daher zu den Ersten, die sich wieder auf die Socken machen. Den spät gekommenen Spanier auf meiner ISO-Matte wecke ich ohne Erbarmen auf und schlage ihm den Umzug in eines unserer frei gewordenen Betten vor. Dann nichts wie weg aus der engen Herberge. Zuerst geht es kurz bergauf und es bieten sich uns wunderschöne Blicke auf die Täler, die sich verschlafen die Nebeldecken noch bis zum Kinn hochgezogen

Stilles Bergdorf nach der Passüberschreitung

haben. Auf schmalen Asphaltstraßen erreichen wir bald die Bergkuppe. Jetzt warten 1000 Höhenmeter Abstieg. Die wirken auf Josi, die Frau von Jean-Marie, so furchterregend, dass sie für dieses Stück den Bus nimmt.
Für den Abstieg können wir endlich auch die Asphaltstraße wieder verlassen. Es geht zuerst vorüber an einem Bauernhof, der im Mittelalter den Pilgern als Herberge gedient hat. Dabei steht eine kleine Kapelle, deren Altar auch schon die Pilger des Mittelalters gesehen haben könnten, zumindest sieht er so aus. Der nun folgende Abstieg ist ein Genuss ersten Ranges. Der mit einer uralten Pflasterung versehene Weg fällt sanft ab. Eine Blumenpracht, wie sie nur der himmlische Gärtner zustande bringen kann, säumt den Pfad. Im Tal unten liegt noch der Nebel, aber der gegenüberliegende Hang mit seinen Dörfern gibt sich schon der strahlenden Vormittagssonne hin. So brechen Sissy und ich immer wieder in Rufe des Entzückens aus und es macht uns überhaupt nichts aus, dass sich durch das geringe Gefälle der Abstieg ganz schön in die Länge zieht. Der letzte Teil führt durch das hohe Gewölbe eines prachtvollen Kastanienwalds. Wir bedauern fast, dass wir so schnell unten ankommen. Hier liegt ein Stausee, den Generalissimus Franco 1954 anlegen hat lassen, obwohl das alte Dorf Salime damit begraben wurde. Unterhalb der Staumauer stehen noch im Verfall befindliche große Gebäude aus dieser Zeit, welche dem Ort eine fast makabre Atmosphäre verleihen.
Auf der Staumauer tummeln sich Bustouristen sowie Josi und Ramon. Die beiden sind mit dem Linienbus gekommen und warten auf das Ankommen der zu Fuß gehenden Jean-Marie und Juan. Auf der anderen

Stausee bei Grandas de Salime

Talseite geht es nun einige Kilometer die Bergstraße hinauf. Von ihr aus gesehen entfaltet der Stausee nun seine ganze Erhabenheit. Dazu wachsen auf diesem Südhang Palmen, Wein, Feigen und noch manch andere Obstbäume. Diese schönen Blicke versöhnen mit dem rund einstündigen Anstieg auf der doch hin und wieder befahrenen Bergstraße. Auch heute wird die Nachmittagssonne schon ziemlich lästig. So suchen wir die Straßenseite vorzugsweise danach aus, wo es gerade den längsten Schatten gibt. Das letzte Stück dürfen wir wieder auf einen Wanderweg wechseln und – noch gut bei Kräften – erreichen wir das heutige Tagesziel Grandas de Salime. Dieser Ort hat viele neue Gebäude, weil ja die Leute aus dem Tal wegen des Staudamms umgesiedelt werden mussten. Wir finden die Kirche offen, was sonst in Spanien eine Seltenheit ist. Die Mesnerin führt gerade die Insassen eines Busses in der Kirche herum. Wir dürfen verweilen und bekommen sogar einen Pilgerstempel. Der Altar beeindruckt uns, aber der Wirbel ist uns zu groß, sodass wir bald wieder gehen. Wir finden ein Restaurant und bekommen ein gutes Mittagessen. Das bringt uns auf die Idee, den Wirt nach einem Zimmer zu fragen. Wir waren jetzt drei Nächte hintereinander in einer Herberge und haben uns wieder einmal ein wenig Komfort und Ruhe in der Nacht verdient. Der Wirt besitzt das Drei-Stern-Hotel *La Barra*, in dem wir ein nettes Zimmer mit

Bad um 45 Euro bekommen. Da der Nachmittag noch jung ist, besuchen wir das ethnografische Museum im Ort. Hier ist das Leben Asturiens auf dem Land in früherer Zeit höchst anschaulich und lebendig dargestellt. Obwohl wir 2000 km von unseren Alpen entfernt sind, stellen wir viele Gemeinsamkeiten fest. Zum Beispiel gibt es eine eigene Ausstellung für die asturischen Holzschuhe, die drei Knöpfe auf der Sohle haben. Die geben im Schlamm guten Halt und sind so weit auseinander gesetzt, dass die Sohle noch gut zu reinigen ist. Dabei lesen wir, dass die Vorläufer dieser Holzschuhe aus der Schweiz stammen.
Nach dem informativen Museumsbesuch lassen wir den Nachmittag gemütlich auf einer Parkbank mit Lesen und Tagebuchschreiben ausklingen. Hier gibt es einen Brunnen, der bei unsachgemäßer Bedienung auch als Dusche zu gebrauchen ist. Zu meinem Leidwesen komme ich in den Genuss beider Verwendungsmöglichkeiten. Zu uns gesellt sich Jacqueline, die betagte Französin. Sie ist, ebenso wie Kosima, in der Herberge abgestiegen. Diese Herberge ist nicht ständig betreut. Es gibt nicht einmal einen Schlüsselverwalter. Der Schlüssel ist daher an einem bestimmten Ort deponiert. Das ist natürlich auch in Nicht-Pilgerkreisen bekannt. So erzählt Jacqueline, dass sie und Kosima zuerst die Herberge säubern und dabei einen Slip und andere ungustiöse Dinge entsorgen mussten. Wir preisen unseren Entschluss, heute das Hotel vorgezogen zu haben, und wünschen den beiden trotzdem eine gute Nacht.

3. Juni: Wasser für den Vormittag holen wir beim widerspenstigen Brunnen im Park. Diesmal versucht es Sissy, die mit gebotener Vorsicht und natürlich mit viel mehr Gefühl vorgeht, sodass ihr die Dusche erspart bleibt. Romantischen Wanderwegen mit kleinen Kirchlein folgen heute Straßen-Abschnitte mit Baustellen. Das Wetter scheint sich leider umzustellen, aber die ersten Wolkenfelder sind noch harmlos. Die Ausgrabungen einer Burg aus dem 8. Jahrhundert vor Christi Geburt lassen wir unbesichtigt, denn Jakobspilger waren damals ja mit hoher Wahrscheinlichkeit noch nicht unterwegs. Auf einer langen Straße geht es zum Pass Alto del Acebo (1024 m) hinauf. Kurz vor der Passkuppe können wir die öde Landstraße verlassen und kommen in das kleine Dörfchen Penafuente. Der nette Kirchplatz samt Brunnen lädt zum Rasten ein und wir nehmen die Einladung an. Mit einem frischen „Bonjour" gesellt sich Jacqueline zu uns. Sie hat ja gestern von ihren ersten Erfahrungen in der Herberge von Grandas

des Salime berichtet. Heute gibt es die Fortsetzung. Spät am Abend ist ein Landstreicher gekommen, der nicht gerade erfreut war, sein Domizil von Pilgern besetzt zu finden. Er hat den unbeschreiblichen Duft der großen weiten Welt verbreitet. Die Nacht war voll davon. Besonders ungehalten war er dann am Morgen, denn so früh aufzubrechen und ihn im besten Schlaf zu stören, empfand er als eine Frechheit.
Den Rest des Weges auf den Pass wandern wir wieder auf einem herrlichen Pilgerweg. Auf dem Bergkamm ragen die riesigen Stützen von Windkraftwerken in den Himmel. Dafür ist die nächste Umgebung in der blühenden Heide ein Augenschmaus und Labsal für das Gemüt. Am höchsten Punkt verlassen wir Asturien und wandern unter den riesigen Windrädern hindurch in die letzte Region unserer Wallfahrt, nach Galicien.
Galicien ist ebenso gebirgig wie Asturien. Da es hier oft regnet, ist es ein grüner Landstrich. Trotzdem sind viele Leute arm, weil die herkömmliche Erbteilung lauter Mini-Besitzungen geschaffen hat. Daher verwundert es nicht, dass man massenhaft Eukalyptusbäume gesetzt hat, die aufgrund ihres Wuchses schnelles Geld versprechen. Galicisch ist ein Dialekt, der eher mit dem Portugiesischen als dem Spanischen (Kastilischen) verwandt ist. Die Bevölkerung hat keltische Wurzeln, deren Blüten in bestimmten Volksbräuchen wie Dudelsackspielen und Hexengeschichten an die Oberfläche kommen. Dass das Kantönli-Denken nicht nur bei uns und den geschätzten Eidgenossen ein favorisiertes Prinzip ist, merken wir bei der Ausrichtung der Muschelmarkierungen. In Asturien wird die Muschel als Sternsymbol interpretiert, dessen geschlossenes Ende die einzuschlagende Richtung anzeigt. In Galicien ist es umgekehrt: Hier ist es wirklich eine Muschel, deren offenes Ende nach Santiago de Compostela zeigt.
Nach dem schönen Pilgerweg schließt bald wieder die nicht ganz so attraktive Landstraße an. Zu Mittag folgen wir einer Restaurant-Empfehlung meines Jakobswegführers, wo es hervorragend schmeckt. Der Nachteil dieser kulinarischen Entgleisungen ist die anschließende bleierne Müdigkeit. Solange das Wetter trocken wie heute ist, gibt es dagegen ein probates Mittel: ein Schläfchen, das wir dann im blühenden Heidekraut direkt neben dem Weg halten. Schön ist es schon, aber auch ein wenig stechend!
Fonsagrada, die erste Stadt in Galicien, liegt auf einer Anhöhe und lockt uns schon von Weitem. Die Annäherung gestaltet sich dann aber doch recht langwierig, weil erst eine tiefe Senke durchschritten werden muss. Nach der luxuriösen Unterkunft vergangene Nacht sind wir fest entschlossen,

heute wieder mit der Herberge vorliebzunehmen. Sonst gefährden wir noch unseren Status als bescheidene Jakobspilger. Vorerst tätigen wir im Ort unsere Einkäufe und treffen wieder auf Jacqueline.
Gemeinsam suchen wir die Herberge auf. Sissy und ich finden noch ein freies Vierbettzimmer und hoffen, dass wir allein bleiben. Doch die Idylle ist bedroht: Ein Kleinbus hält vor dem Haus und spuckt eine Menge Spanier aus, die sofort ausschwärmen und schauen, ob sie noch Platz in der Herberge finden. Auch die beiden noch freien Betten in unserem Zimmer werden geprüft, aber – zu unserem Glück – nicht für gut befunden. Der Bus schluckt seine Insassen wieder und weg sind sie. Wir lassen uns zufrieden mit einem Buch und einer Schale Tee an der Hausmauer nieder, denn die Sonne hat sich wieder durchgesetzt und verwöhnt uns mit ihren späten Strahlen. Die Herberge ist fast voll geworden, auch die nette französisch-spanische „Soldatengruppe" (Jean-Marie, Josi, Juan und Ramon) ist mit von der Partie. Neu zu unseren Bekannten gesellt sich ein deutsches Ehepaar, Joachim und Heidi, die den Jakobsweg in zwei Etappen machen. Am Abend ziehen wir uns in das Zimmer zurück, in dem wir – gottlob – allein geblieben sind. So ist uns eine gute Nachtruhe sicher.

4. Juni: Unser Schlummer wurde tatsächlich nicht gestört, sieht man von einem kräftigen Regen ab, der auf das Dach niedergeprasselt ist. Der Morgen empfängt uns im grauen, düsteren Kleid. Wir sind Teil des großen Rummels um das Frühstück und den anschließenden Aufbruch. Heute hat es keinen Sinn, besonders früh dran zu sein. Zu Beginn wandern wir entlang verträumter Waldwege – der erste Anstieg geht hinauf zur alten Pilgerherberge von Montouto, wo wir wegen dem Nebel leider keine Aussicht genießen können. So trotten wir vor uns hin, einmal unterbrochen durch hastiges Hervorholen der Regenkleidung, um dem Guss möglichst trocken zu entgehen. Unser heutiges Tagesziel, den Ort Cádavo Baleira, erreichen wir nach rund sechsstündigem Fußmarsch. Die Herberge, in der wir einkehren, ist ein Musterstück unter ihresgleichen. Darum ist der Andrang groß. Alle unsere neu gewonnenen Freunde der letzten Etappen sind da. Wir belegen ein noch freies Stockbett, Sissy unten und ich oben. Es gibt vornehmerweise Einweg-Kopfpolsterbezüge und Leintücher aus Papier. Decken sind nur wenige vorhanden und die haben sich schon die früher Angekommenen unter den Nagel gerissen. Der unscheinbare Ort Cádavo Baleira verwöhnt uns mit kurzen Wegen. Zum Wirtshaus ist es

Heideweg in Galicien

nicht weit und die Kirche liegt direkt gegenüber der Herberge. Ein Schild in der Herberge lädt die Pilger zur täglichen Abendmesse um 19.30 Uhr ein. Wir lassen uns diese Gelegenheit nicht entgehen. Der Priester verblüfft durch ein rekordverdächtiges Vorlese- und Redetempo. Ob es wohl einmal spanische Meisterschaften in dieser Disziplin gibt?
Anschließend lassen wir den Tag am großen Tisch in der Herberge mit einem Gläschen Rioja ausklingen. Die Konversationssprache ist heute Abend ausnahmsweise Deutsch. Heidi und Joachim kennen das letzte Stück des Jakobsweges vor Santiago schon vom letzten Jahr und warnen uns vor der Strecke, wo der Camino Primitivo im Camino Francés aufgeht. Dort habe vergangenes Jahr die spanische Spielart von Montezumas Rache, sprich Durchfall, keinen einzigen Pilger verschont, was entlang des Weges zu wenig wünschenswerten Szenen geführt hat.
Ich habe keine der wenigen Decken ergattert. Deshalb schlüpfe ich in voller Wandermontur inklusive Anorak in meinen hauchdünnen Schlafsack und hoffe auf eine erträgliche Nacht. Sissy führt – auf meinen Rat hin – ein erheblich schwereres, gut gefüttertes Exemplar mit und ist auf eine zusätzliche Decke nicht angewiesen. Die Stockbetten stehen direkt nebeneinander. Im Nachbarbett von Sissy liegt ein Schnarcher, der eine imposante Lautstärke erreicht. Obwohl Sissy weniger empfindlich ist als ich, raubt ihr doch der sägende Bettnachbar den Schlaf. Im Wachliegen macht sie sich Sorgen um meine Bettwärme. Sie steht auf, um ihren Pullover über mich zu breiten. Im Dunkeln stößt sie dabei an eine auf dem Boden stehende Thermoskanne, die mit einem lauten Tusch umfällt. Alle Schnarcher, auch der besonders laute Nachbar, sind mit einem Schlag ruhig und so bleibt es auch. So kann Sissy sofort die Früchte ihrer guten Tat genießen.

5. Juni: Der draußen prasselnde Regen reizt uns nicht besonders zum Aufbruch. Der Mangel an warmem Wasser und Toilettenpapier hingegen schon. Eine lästige Entzündung im Fuß hebt meine Stimmung auch nicht und das bei den – für mein Vorleben am Jakobsweg – eher gemütlichen Tagesetappen! Als wir Richtung Lugo aufbrechen, hat der Regen glücklicherweise aufgehört. Nach einem Umweg zur Hauptstraße, der uns auch nicht besonders motiviert, steht uns für die Strecke nach Lugo mit 31 km eine der längsten Etappen des Camino Primitivo bevor. Es geht einen Hügel hinauf und die schönen Wald- und Wiesenwege stellen unser seelisches Pilgergleichgewicht bald wieder her. Auf der anderen Seite des Hügels kommen wir in den kleinen Ort Villabade, der eine Kirche und ein Herrschaftsgebäude aufweist, das in einer mittelgroßen Stadt Mexicos wohl nicht anders aussehen würde. Der nächste Ort, Castro Verde, bietet die letzte Gelegenheit, vor Lugo einzukehren und Proviant zu fassen. Wir gehen in eine Bar und treffen wieder Jacqueline. Nach der üblichen Begrüßung erzähle ich ihr von meinem rebellischen Fuß. Daraufhin lässt sie mich den Schuh samt Socken ausziehen, legt ihn sich auf den Oberschenkel und massiert sanft eine Arnikasalbe ein. Nach dieser wohltuenden Behandlung ist mein Fuß gleich wieder besser zum Marschieren aufgelegt.
Ein origineller Brunnen in Form einer Regenschirmskulptur am Marktplatz vermittelt eine Ahnung davon, was hier in Galicien auf uns wartet. Weiter geht es auf angenehmen Wegen bei Regen. Mit Annäherung an Lugo wird der Weg aber unromantischer. Die Strecken auf dem Wanderweg werden kürzer und auf den Straßen länger. Aufgrund einer Baustelle vor Lugo wurde der Jakobsweg großräumig verlegt. Deshalb haben wir das zweifelhafte Vergnügen, nach rund 30 km noch einmal in die entgegengesetzte Richtung zu gehen. Diese Distanz muss auf die Stadt zu natürlich noch einmal absolviert werden. Aber irgendwann kommen wir doch an.
Lugo war schon zur Römerzeit Provinzhauptstadt. Um die Altstadt schließt sich eine 2,1 km lange, vollständig erhaltene Stadtmauer aus dem 1. und 2. Jahrhundert, die im Mittelalter erneuert und ausgebaut wurde. Diese einzigartige Stadtmauer wurde von der UNESCO zum Weltkulturerbe erklärt. Von Lugo aus gibt es zwei Varianten, den Jakobsweg fortzusetzen: Die traditionelle Route ist die kürzere. Die Nordroute ist länger, verläuft hauptsächlich auf Asphaltstraßen, soll aber landschaftlich schöner sein. Wir entscheiden uns für den traditionellen, kürzeren Weg. Daraus ergibt sich für den morgigen Samstag eine relativ kurze Tagesetappe von

nicht einmal 20 km. Das gefällt uns sehr gut, weil wir so morgen Vormittag noch Lugo besichtigen können. Heute fehlt uns dazu schon die Energie. Daraus folgt aber auch, dass wir „leider" nicht in die Herberge gehen können. Denn die muss man laut Führer schon um 8 Uhr geräumt werden. Also ziehen wir durch das Stadttor Porta de San Pedro in Lugo ein, so wie König Alfons der Keusche im 9. Jahrhundert. Eine Tafel weist darauf hin, dass er damit den ersten Jakobsweg begründet hat. Für unseren Einzug wird man vermutlich keine Tafel aufstellen. Wir bewundern die Kathedrale und die großzügigen Plätze und nehmen uns ein Hotel.
Nachdem wir uns häuslich eingerichtet haben, besuchen wir die Vesper und die Abendmesse in der Kathedrale. Diese ist nicht nur von außen, sondern auch innen höchst stimmungsvoll und erkundenswert. Ein ehrwürdiger Geistlicher, den ich anspreche, führt uns nach dem Gottesdienst in die überdimensionale Sakristei, wo wir den Stempel in unseren Pilger-Pass eingedrückt erhalten. Vor der Kirche prasselt wieder einmal Regen auf uns nieder und wir haben unsere Regensachen im Hotel gelassen. Also laufen wir im Eiltempo durch die Straßen der Altstadt und suchen dabei ein passendes Lokal zum Abendessen. Nach einiger Zeit finden wir ein Restaurant, das sehr galicisch aussieht, und lassen uns im gemütlichen Gewölbe nieder. Das Essen und der Wein sind gut und teuer. Zum Hotel haben wir dann glücklicherweise nicht weit, denn es regnet immer noch.

6. Juni: Die Frühmesse in der Kathedrale wird in einer kleinen Seitenkapelle, welche der Muttergottes gewidmet ist, gefeiert. Über dem Altar baut sich eine überdimensionale Muttergottesstatue auf, die das Jesuskind im Arm hält. Umkränzt ist sie mit einem Oval aus kleinen Engelsfiguren, wo üblicherweise ein Blumenkranz ist. Die Messe hält ein sehr alter Priester, der sich von einem distinguierten Herren ministrieren lässt. In der Hand hält dieser Schirm und Handtasche und lässt sie den gesamten Gottesdienst über nicht los. Am Hauptaltar ist in der Zwischenzeit das Allerheiligste in einer riesigen, kostbaren Monstranz ausgesetzt worden, wobei die Aus- und die Einsetzung vollautomatisch vonstattengeht. Auf die geplante Stadtbesichtigung, die wir ungewollt in Teilen schon absolviert haben, verzichten wir nun zur Gänze.
Durch ein beeindruckendes Stadttor, das auch den gelben Pfeil der Jakobsweg-Markierung aufweist, verlassen wir die faszinierende Stadt Lugo, nicht ohne vorher noch kurz auf die Stadtmauer gestiegen zu sein. Wir

Kathedrale von Lugo

wollen heute bis Gutin/San Roman, denn danach gibt es 27,5 km nichts, weder Geschäft, noch Herberge, noch Hotel. Heute reserviere ich wieder per Telefon ein Zimmer in einer Pension mit eigenem Restaurant. Die Wirtsleute holen einen vom Jakobsweg mit dem Auto ab und bringen einen wieder hin. Es geht sich gemütlicher, wenn man weiß, dass es mit dem Schlafen am Abend kein Problem geben wird. Die heutige Etappe ist zwar mit nicht ganz 20 km relativ kurz, aber viele Straßenkilometer, der häufige Regen und nur wenige Lichtblicke wie putzige Kirchlein machen sie trotzdem mühsam. Als wir endlich in unserem Tagesziel Gutin, das nur aus ein paar Häusern besteht, ankommen, treffen wir in der Bar unsere französischen und spanischen Pilgerfreunde. Diese tätigen gerade umfangreiche Einkäufe (die Bars sind am Land auch kleine Läden für das Wichtigste des täglichen Gebrauchs).

Nach einer kurzen Wartezeit ist unser Auto da und ein freundlicher Mann, mit dem wir spanische Konversation versuchen, bringt uns zu einem Multi-Funktionsbetrieb. Es ist Tankstelle, Werkstätte, Restaurant, Bar und Gemischtwarenhandlung in einem. Ja, und das Wichtigste ist, sie haben auch Zimmer, die man von der Rückseite der Tankstelle betritt. Wir sind zufrieden und machen es uns bis zum Abendessen gemütlich. Dieses bekommen wir in einem großen Speisesaal serviert, wo wir uns als einzige Gäste recht verloren fühlen. Sissy kommt der Geruch von altem Öl aus der Küche schon sehr bedenklich vor, aber ich esse guten Mutes alles, was mir unter mein Besteck gerät.

7. Juni: Für 8 Uhr haben wir die Rückfahrt vereinbart, aber es kommt niemand. Das Barmädchen vertröstet uns, und es bleibt uns ja auch nichts anderes übrig, als darauf zu hoffen, dass bald jemand erscheint. 20 Minuten später hat sich jemand gefunden, der uns nach San Roman zurückbringt. Auch jetzt wieder stolpern wir mühsam durch einzelne spanische Vokabel bei der Konversation mit dem Fahrer. Um 8.30 Uhr starten wir dann endlich unsere Tagesetappe und sind uns sicher, dass wir die letzten auf dem Weg sind. Umso überraschender ist es, dass von hinten Lydi auftaucht. Sie hat in Lugo übernachtet und sich mit dem Taxi nach San Roman bringen lassen. Die modernen Jakobspilger haben es doch wesentlich einfacher als die Pilger früherer Jahrhunderte. Lauschige Wege, umgeben von prallem Grün und Glockenblumen, die traurig ihre Köpfchen im Regen hängen lassen, führen uns weiter Richtung Westen. Nicht immer sind sie gut gepflastert, und daher sind zeitweise unsere Fähigkeiten im Schlammhüpfen und -rutschen gefragt. Immer wieder kommen wir an recht armseligen Gehöften und kleinen Weilern vorbei. Wir bewegen uns auf der alten Römerstraße von Lugo nach Iria Flavia. Ein uralter Karrenweg wird gerade restauriert, daher dürfen wir ihn nicht beschreiten. Um 12 Uhr mittags passieren wir das kleine Dörfchen San Xorxe (St. Georg). Die Ansammlung gut gekleideter Dorfbewohner lässt darauf schließen, dass hier bald eine Sonntagsmesse stattfinden wird. Wir lassen uns diese Gelegenheit nicht entgehen und setzen uns in die letzte Kirchenbank. Nach der Messe und einer weiteren halben Stunde Marsch legt der Regen eine Pause ein und wir tun es ihm gleich. Etwas armselig hocken wir auf Steinen am Wegesrand, aber der Regen will ohnehin gleich weitermachen und wir sind dankbar, dass er gerade solange ausgeharrt hat, bis wir den letzten Bissen verschlungen haben.
Im Lauf des Nachmittags führt uns der Weg wieder ins Hochland, wo ringsum nur Heidekraut und Windmühlen stehen. Leider sind es nicht mehr die Windmühlen des Don Quixote, sondern die Riesen-Propeller der Windkraftwerke. Der Blick über die weite blühende Heide ist atemberaubend, wenn auch durch Nebel und Wolken etwas gräulich. Beim Ab-

Zu Gast bei Mapi

stieg aus diesem Hochland kommen wir an einem einzeln stehenden alten Bauernhaus vorbei. Vor dem Haus steht Dea, die spanische Mountainbikerin. Sie begrüßt uns freudig und wir müssen in das Haus hinein, wo sie uns ihrer Freundin Mapi vorstellt. Mapi war Krankenpflegerin, die irgendwann ein neues Leben beginnen wollte. Sie hat dieses verfallene Bauernhaus von ihrem Ersparten erworben. Viel kann es nicht gekostet haben. Sie hat es notdürftig hergerichtet und bewohnt es seither. Die vorbeiziehenden Jakobspilger werden auf einen Kaffee eingeladen und erwerben – so wie wir – vielleicht das eine oder andere Stück ihrer Handwerkskunst. Mapi lebt mit rund einem halben Dutzend großer Hunde zusammen, die überall herumwuseln. In der Hütte herrscht ein unbeschreibliches Durcheinander und die hygienischen Verhältnisse spotten jeder Beschreibung. Deshalb sind wir froh, nur mit Kaffee bewirtet zu werden. Dann tragen wir uns in das Gästebuch ein, kaufen ein paar Freundschaftsbänder für unsere Enkelinnen und mit herzlichen Umarmungen werden Sissy und ich entlassen. Durch die Verzögerungen auf der großen Etappe (31,5 km) sind wir jetzt schon relativ spät dran und beeilen uns, nach Melide, in unser Tagesziel, zu kommen. Um die Abzweigung zum Ort Compostela kümmern wir uns nicht. Am Campus Stellae (lateinisch: Sternenfeld) hat nach der Legende der Mönch Pelayo im Jahr 813 das Grab des Apostels Jakob entdeckt, zu dem ihn ein Lichtschein geführt hat. Diesen Lichtschein haben auch Hirten in der Umgebung wahrgenommen, sodass der Ort den Namen „Sternenfeld" erhielt.

Gegen Abend erreichen wir die Stadt Melide, wo der Camino Primitivo auf den Camino Francés trifft. Wir nehmen in der öffentlichen Herberge Quartier, da ich insgeheim hoffe, das eine oder andere bekannte Gesicht von der Via Podiensis in Frankreich zu treffen. Die Herberge ist mit 120 Betten ziemlich groß und sehr professionell organisiert. Wir finden ein freies Stockbett direkt am Gang, der in den Waschraum führt. Das nehmen wir und denken uns noch nichts dabei. Im Waschraum erleben wir den ersten Tiefschlag: Es gibt kein warmes Wasser mehr! Sissy zieht die Konsequenz und verschiebt die Dusche auf morgen Früh, wenn es hoffentlich wieder warmes Wasser geben wird. Ich sage mir: Ich werde doch kein „Warmduscher" sein und lasse mich kurz, aber heftig kühl besprühen. In der Herberge selbst gibt es einen großen Aufenthaltsraum. Es sind viele Pilger da, alle unbekannt, einige sprechen Deutsch. Im Gegensatz zu den früheren Herbergen sprechen wir niemanden an. Es sind einfach zu viele. Dann gehen wir in ein nahegelegenes Restaurant, wo wir erst nach längerer Wartezeit in den Speisesaal gelassen werden. Ich fühle mich nicht gut und deshalb ziehen wir uns bald in unseren Schlafsaal zurück und eine grauenhafte Nacht bricht an. Von Nachtruhe ist vorerst noch nicht viel zu merken. Denn die Herberge hat verschiedene Schlafräume und auch mehrere Bäder. Einige Schlafräume verfügen über keinen zugehörigen Waschraum und alle Bewohner dieser Zimmer benützen unseren. So ist es ein

Uralter Pilgerweg in Galicien

ständiges Kommen und Gehen neben uns, Licht an, Licht aus, Tür auf, Tür, peng, zu! Und immer wieder von Neuem. Endlich wird es ruhiger, da beginnt in unserem Schlafsaal ein polyphones Schnarchkonzert.
Das Ehepaar aus Stuttgart, Joachim und Heidi, hat uns vor der Durchfall-Epidemie am Camino Francés gewarnt. Ich hatte mich schon gefragt, ob ich Schnaps besorgen soll und wir vor jeder Mahlzeit zur Vorbeugung einen Schluck nehmen sollen. Jetzt ist alles anders: Ich bringe den Durchfall schon zum Camino Francés mit! So entziehe ich mich dem Schnarchkonzert also regelmäßig durch Aufsuchen eines ruhigeren, wenn auch wenig gemütlichen Örtchens. Wenn ich gerade nicht die Toilette heimsuche, kommen Leute aus anderen Schlafsälen bei uns vorbei. Und so geht es immer wieder: Licht an, Licht aus, Tür auf, Tür, peng, zu! Zum Schlafen bleibt nicht viel Zeit und Ruhe.

8. Juni: Ich wache auf, als hätte mich in der Nacht jemand durch die Mangel gedreht. Ein Bleiben in Melide, um mich zu erholen, schließe ich kategorisch aus. Sorge habe ich aber doch, wie es mir am Weg mit meinen Attacken ergehen wird. Deshalb beobachte ich genau die Intervalle. Werden sie größer, werden sie kleiner?
Dann ziehen wir los, das erste Mal auf dem Camino Francés. Es ist ein völlig neues Pilgergefühl: Man reiht sich in eine fast geschlossene Kolonne ein und grüßt einander fast nur mehr durch ein unverbindliches Nicken. Der Weg ist eine Art Pilgerautobahn. So breit, dass man zu dritt oder zu viert nebeneinander gehen kann und bestens ausgeschildert. Hier kann man sich wirklich nur mehr bei temporärer Umnachtung verlaufen. Die Wegführung von einem kleinen Dorf zum anderen, durch duftende Eukalyptuswälder, vorbei an so manchem Kornspeicher, ist abwechslungsreich. Leider spielt das Wetter nicht mit. Von der Früh an peitscht ein Regensturm Wassermassen auf uns herunter und das mit einer Heftigkeit, als wollte er uns wegwaschen. Es gibt zwar Pausen, wo wir aufatmen können, aber sie sind kurz. Bis Arzúa, der nächsten Stadt, habe ich mein Problem soweit unter Kontrolle, dass es keine Peinlichkeiten gibt. Dort führt unser erster Weg in die Apotheke. Ich erkläre mich und erhalte ein Mittel, das ich sofort schlucke. Welche Wohltat: Ab da werden die Intervalle länger. Die Attacken sind irgendwann weg – das heißt allerdings nicht, dass es mir wieder gut geht. Ich habe ein Gefühl, als hätte ich Pudding in den Knien und wanke meiner Frau hinterher. Wir haben kaum Proviant dabei, weil

wir mittags ein Restaurant erreichen sollten. Das stimmt auch, nur haben die heute Ruhetag. Auf der Rückseite gibt es ein Festzelt, in das wir uns hineinsetzen. Sissy ist von dem Regensturm schon ziemlich durchnässt. Meine Ausrüstung ist besser und so bin ich nur teilweise nass. Mit uns haben sich auch andere Pilger in das Zelt geflüchtet. Die Wirtsleute kommen und entschuldigen sich, dass heute Ruhetag ist. Wir dürfen aber die Toiletten benützen und einen Kaffee könnten wir auch bekommen. Vom zweiten Angebot machen wir keinen Gebrauch. Denn der Kaffee wärmt zu wenig und es ist besser, bald wieder in Bewegung zu kommen. Also weiter durch ein großes Waldgebiet. Ist es am Ende der Wald, der laut den galicischen Sagen verhext sein soll? Bei dem Wetter könnte man fast an wild gewordene Hexen glauben. Aber irgendwann geht auch so eine Etappe zu Ende. Wir kommen an zwei kleineren Herbergen vorbei, die beide schon voll sind. Wir wären dort heute aber nicht einmal geblieben, wenn sie halb leer gewesen wären. Wir sehnen uns nach einem Hotelzimmer und finden es auch in Pedrouzo. Heute waren wir 36,5 km unterwegs. Dazu kam das schlechteste Wetter, das ich in den drei Monaten meiner Pilgerzeit erlebt habe. Im Hotel *Bule Bic* treffe ich alte Bekannte, über die ich mich sehr freue: Es sind Georg, Willi und Max. Neu dabei ist auch die Frau von Max, Hannelore, die in Oviedo zur Gruppe gestoßen ist. Wir setzen uns zum Abendessen gemütlich zusammen und erzählen uns unsere Erlebnisse. Mit mir ist aber noch nicht viel los und so gehen Sissy und ich bald schlafen.

9. Juni, letzter Pilgertag: Wir brechen kurz vor 7 Uhr auf, weil wir um 12 Uhr zur Pilgermesse in der Kathedrale in Santiago de Compostela sein wollen. Mir geht es schon wieder etwas besser und ich bin sicher, dass wir heute unser Ziel erreichen werden. Mit uns sind wieder viele Pilger unterwegs, einmal überholen wir sie, einmal sie uns. Man braucht gar nicht mehr auf die Markierungen zu achten, sondern nur den anderen nachzugehen. Die Gegend ist angenehm zum Wandern, aber die Natur wird immer weniger und die Zivilisation immer dominierender, je mehr wir uns der Stadt nähern. Eine gute Stunde vor Santiago begegnet uns ein Pilger, der mir bekannt vorkommt. Er hat ein besseres Gedächtnis als ich und spricht mich sofort an: Es ist Willi aus Bern, mit dem ich ein Stück der Via Podiensis in Frankreich gegangen bin. Willi ist schon vor rund zwei Wochen in Santiago angekommen. Nach zwei Ruhetagen ist er weiter nach Cap Finisterre marschiert und befindet sich nun wieder auf dem

Rückweg nach Hause. Der Hinweg ging über den Camino Francés, zurück nimmt er den Camino Norte. Im September möchte Willi wieder in Bern sein. Ich staune darüber, wie gut er aussieht: Er wirkt wesentlich verjüngt und topfit. Das Pilgern tut ihm offensichtlich gut. Wir verabreden uns für die Zeit, wenn wir beide wieder zu Hause sein werden, und weiter geht es, für jeden in eine andere Richtung. Am Monte do Gozo, dem letzten Berg, vom dem aus man schon auf Santiago hinunterblicken kann, bestaunen wir das riesige Pilgerdenkmal und das Barackenlager, in dem Heere von Pilgern Platz finden. Es ist auch noch eine Stempelstelle eingerichtet und wir beobachten, wie das intelligentere Leute als wir machen: Ein Reiseleiter hat für seine Bustouristen einen Stapel von Pilgerausweisen mit. Diese stempelt er der Reihe nach ab. So erwerben viele auf bequeme Art und Weise den Status als Jakobspilger. Wir erreichen das Stadtgebiet von Santiago und unaufhaltsam geht es der Stadtmitte zu. In das Gefühl, es geschafft zu haben und endlich am Ziel zu sein, mischt sich die Wehmut, dass die Pilgerreise nun gleich ein Ende finden wird. Wir sind eine Viertelstunde vor 12 Uhr in der Kathedrale. Ich hatte eigentlich aufgrund der täglich stattfindenden Messe mit einer relativ leeren Kirche gerechnet –

Auch unsere deutschen Pilgerfreunde sind gut angekommen

doch welch Irrtum! Alles ist gesteckt voll und wir finden – so wie viele andere – nur mehr auf dem Steinboden Platz. Der Gottesdienst beginnt mit dem Lied „Laudate omnes gentes". Der gemeinsame Lobpreis der Pilger aus so vielen Kontinenten und Ländern berührt mich emotional zutiefst, und ich habe Mühe, meine Freudentränen in Grenzen zu halten. Es sind gleich mehrere Priester, welche die Messe zelebrieren. Eine sympathische geistliche Schwester singt die Lieder vor, die fast alle mitsingen können. Für uns – nein, natürlich für alle – wird dann auch das riesige Weihrauchfass, der Botafumeiro, von einem halben Dutzend kostümierter Männer geschwenkt. Früher einmal war es sicher notwendig, um den Gestank der angekommenen Pilger zu ertragen. Bei der heutigen, leicht trocknenden Kleidung und der für alle selbstverständlichen Hygiene ist es nur mehr ein besonderer Brauch. Wir treffen die französisch-spanische „Soldatengruppe" und beglückwünschen uns voller Freude.
Nach dem Gottesdienst eilen Sissy und ich sofort zum Pilgerbüro. Ich hatte den Weg schon beim Herkommen erkundet. So sind wir auch die Ersten und Einzigen, welche die Pilgerausweise herzeigen. Wir bekommen sofort unsere Pilgerurkunden, mit denen man bei Iberia die Flugtickets für den Rückflug zum halben Preis bekommt.
Beim Herausgehen kommen die anderen Pilger aus der Kathedrale. Sofort bildet sich eine Menschentraube und ein längeres Anstellen wartet auf die anderen. Wir fragen uns zu einem Reisebüro durch und lassen uns zu den Möglichkeiten, heimzufliegen, beraten. Eigentlich wollten wir ein paar Tage in Santiago bleiben, aber es regnet heute schon wieder und jetzt haben wir genug vom „sonnigen" Spanien. Deshalb schlagen wir sofort zu, als sich uns die Möglichkeit eines Heimflugs bereits morgen Nachmittag bietet. Dann sehen wir uns in der Altstadt ein wenig um und genießen den weit ausladenden Platz vor der Kathedrale mit einer architektonischen Barocksymphonie, wie sie auf der Welt einzigartig sein dürfte.
Bei der Wahl des Quartiers geraten Sissy und ich in Diskussion. Eigentlich hatte ich mir für das Ende der Pilgerreise etwas Luxuriöses gewünscht. Sissy ist für das einem Pilger besser anstehende bescheidene Quartier. Der Kompromiss ist dann ein Zimmer unter dem Dach einer Drei-Stern-Pension. Auch das geplante tolle Abendessen schminken wir uns ab, denn ich bin noch nicht ganz wieder hergestellt. So endet meine Pilgerreise anders, als ich mir das vorgestellt hatte, aber solche Kleinigkeiten können die stille Freude dieses besonderen Tages in meinem Leben nicht beeinträchtigen.

10. Juni, Abreise: Der nächste Tag gilt noch dem Ausklang, wo wir uns die Kathedrale und das zugehörige Museum ansehen. Eine unglaubliche Fülle an Kunstwerken verschiedener Jahrhunderte ist hier angesammelt und gibt Kunde davon, wie viel Gold und Geld von den Pilgern hierher getragen wurde. Es sind aber auch beeindruckende Zeugnisse dafür, dass die Menschen früherer Zeiten das Beste für ihren Glauben aufgewendet und geopfert haben. Daraus ist eine kulturelle Pracht entstanden, die wir in unserer heutigen Wohlstandsgesellschaft gar nicht mehr zuwege bringen.

Anschließend decken wir in den Gässchen der Altstadt unseren Bedarf an Souvenirs und besuchen um die Mittagszeit wieder die Pilgermesse in der Kathedrale. Sie ist auch diesmal gesteckt voll. Die heutigen Messbesucher kommen aber nicht in den Genuss des Schwenkens des Botafumeiros. Ist es etwa doch vom Geruch der Pilger abhängig?

Ein exzellentes Mittagessen in einem Restaurant der gehobenen Kategorie beschließt den Ausklang unseres Jakobsweges. Voll von den wunderschönen Eindrücken unserer Pilgerreise, aber auch mit Vorfreude auf die lang vermissten Kinder und Enkelkinder steigen wir in das Flugzeug Richtung Heimat.

Das Ziel der Sehnsucht ist erreicht

Was ist aus meinen Erwartungen geworden?

Vergangenheit

Der Jakobsweg sollte das Denken an meine frühere berufliche Tätigkeit in den Hintergrund rücken. Das ist nur wenig gelungen. Zurückgekehrt nach Salzburg sind eher die Monate meines Pilgerns in weite Ferne gerückt, fast wie ein schöner Traum, den man zu Ende geträumt hat. Der Rest des Jahres 2009 war aber dann wesentlich geprägt durch das Aufarbeiten und Nachkosten dieses schönen Traums. Die Zeilen dieses Buches wollten geschrieben sein und viele baten mich, ihnen etwas von meiner Reise zu erzählen. Auch das musste gut vorbereitet werden, mit zahlreichen Fotos, die mir kostbar geworden sind. Die Aufarbeitung meiner Erlebnisse füllte die Freiräume eines guten Jahres aus. In diesem Jahr trat das ein, was ich mir erhofft habe: Die Zeit meines Berufes sank immer mehr in den Schatten, nicht des Vergessens, sondern der Distanz. Dabei hilft mir freilich auch die aktuelle Entwicklung, die laut Erzählungen meiner früheren Kollegen so unerfreulich verläuft, wie ich das nie für möglich gehalten hätte. Also hat mich der Jakobsweg insgesamt, im Gehen und Nachspüren, dorthin gebracht, wohin ich wollte: Das Alte ist vergangen, das Neue ist bei mir angekommen.

Gegenwart

Während meiner Pilgerschaft ist meine Mutter ihren Weg zu Ende gegangen. Es ist ein großes Geschenk für mich gewesen, dass ich trotzdem in den letzten Tagen, Stunden und sogar während der letzten Atemzüge bei ihr sein durfte. Im Gebet habe ich meinen im Koma liegenden Schwager von Salzburg nach Santiago getragen. Ungefähr ein Monat nach meiner Rückkehr durfte er sterben. Ich bin nicht so vermessen, meinem Gebet wesentlichen Anteil am Ende seines Elends zuzuschreiben, aber ich freue mich darüber, dass er heimgehen konnte. Ob der zweite Teil meiner Bitte Erfüllung findet, werde ich erst in einem anderen Leben erfahren.

Leben vergeht, Leben entsteht. Zwei Mitglieder der Familie sind gegangen, andere sind mittlerweile gekommen. Weitere drei gesunde, hübsche Enkelkinder bereichern zu den schon vorhandenen sieben mein Leben. Und zuletzt fallen in dieses Jahr auch die drei Monate, die ein unvergesslicher Höhepunkt meines Lebens bleiben werden. Eine Symphonie aus schönen und schweren Stunden mit einer Vielfalt an bleibenden Eindrücken und Begegnungen, die nur wenigen vergönnt sind. Bei meinen schon recht ramponierten Gelenken sehe ich das Gelingen dieses Weges in erster Linie als Geschenk und erst in zweiter Linie als eigene Leistung an.
So fühle ich mich von guten Mächten wunderbar getragen, wie Dietrich Bonhoeffer es ausdrückt, und kann nur immer wieder „Danke" sagen.

Zukunft

Ich hatte mir einen klaren Hinweis vom Jakobsweg erwartet, was ich mit meiner Energie, meinem guten Willen und meiner Zeit in Zukunft anfangen soll. Überlegt hatte ich mir vor meiner Pilgerreise vieles, etwa ein Studium zu beginnen, eine Referententätigkeit zu religiös/weltanschaulichen Themen auszuüben oder interessierten Institutionen meine nicht unbeträchtlichen Kenntnisse und Erfahrungen aus der Verwaltungsreform anzubieten.
Eine Antwort habe ich bekommen, aber sie fiel ganz anders aus, als ich es mir vorgestellt hatte. Auf der Schweizer Via Jacobi, zwischen St. Antoni und Tafers, fand ich dieses Gebet:

Nicht was ich noch alles tun soll,
sondern was ich heute lassen kann,
hilf mir zu erkennen!
Nicht was ich zusätzlich noch übernehmen soll,
sondern was ich heute abgeben kann, sag mir!

Es wurde mir bewusst, dass ich bisher in der Zeit- und Stressmühle aufgegangen bin. Jede Stunde, jede Minute war geplant und aufgeteilt, damit ich all meine Verpflichtungen und Interessen unter Dach und Fach bringen konnte. So ging mir auf, dass ich vor dem Jakobsweg auf der Suche nach Aktivitäten war, um wieder in diese Maschinerie hineinzukommen. Ich werde mich vorerst also nicht auf die Suche nach einem neuen Tätigkeitsfeld begeben. Die Aufgaben (als vielfacher Großvater, in der Nachlese

aus der Berufstätigkeit, als Referent zum Jakobsweg etc.) fliegen mir außerdem so schon in einer Fülle zu, dass ich viel zu wenig zu dem komme, was ich mir eigentlich für die Pension vorgenommen hatte.
So hat mir der Jakobsweg zu meinen Fragen in Bezug auf Vergangenheit, Gegenwart und Zukunft eine Antwort nicht verweigert, und diese ist gut für mich.

Das Pilgern ein Leben, das Leben ein Pilgern

Was macht die Faszination des Pilgerns aus?
Lässt sich das Pilgern wirklich mit dem Leben vergleichen?

Aufbrechen

Das Aufbrechen zu einer langen Pilgerreise wirft einen in ein Wechselbad unterschiedlicher Gefühle. Die Vorfreude auf die spannende Unternehmung steht auf der positiven Seite. Auf der negativen Seite tummeln sich mehrere Empfindungen: Angst vor der Ungewissheit, die Vorahnung künftiger Entbehrungen und Schmerzen, das Abschiednehmen von geliebten Menschen, das Aufgeben von Bequemlichkeiten und Gewohnheiten, das Streichen so vieler Termine und Events in der nächsten Zukunft. Es erfordert also die Konsequenz, einen einmal gefassten Entschluss auch tatsächlich durchzuziehen. Denn Gründe fallen einem permanent ein, warum man sich das noch einmal überlegen sollte.
Auch unser Leben verlangt immer wieder Aufbrüche. In der Jugend sind es in der Regel eigene Entschlüsse wie die Loslösung vom Elternhaus, die Wahl eines Berufs, eines Partners und so weiter. Auch mit zunehmendem Alter bleiben einem Aufbrüche nicht erspart. Die eigenen Initiativen geraten aber in die Minderheit, die unfreiwilligen Anpassungen an neue Realitäten gewinnen die Oberhand. Immer mehr wird bewusst, dass das Leben durch eine Abfolge von Abschieden geprägt wird: von lieben Menschen, eigenen Fähigkeiten, Gesundheit, Beruf und dergleichen mehr.

Was kann das Pilgern zu diesen Aufbrüchen des Lebens beitragen? Die Bereitschaft, sich auf Neues ein- und das Alte, auch wenn es schön war, hinter sich zu lassen, übt der Pilger auf seinem Weg fast täglich. Das Neue deckt vieles vom Alten zu. So trifft man auf dem Jakobsweg auch Pilger, die durch ihren Weg einen lebensbedrohenden Verlust, wie den Tod eines Partners oder Kindes, besser verkraften wollen.

Entbehrungen und Schmerzen ertragen

Auf einem längeren Pilgerweg schwebt man nicht auf einer Wolke des Wohlbefindens. Es ist unglaublich, was einem so alles weh tun kann, wenn man den ganzen Tag geht und das viele Tage hintereinander. Am besten ist es, einen großen Teil dieser Schmerzen zu ignorieren. Sie sind dann wieder so plötzlich weg, wie sie gekommen sind. Die Schmerzen, die einen vor allem die ersten zwei bis drei Tage plagen, verschwinden meistens ab dem vierten Tag. Ohne Zweifel gibt es Schmerzen, die man nicht ignorieren darf. Fast immer resultieren sie aus einer Überforderung des Körpers durch zu lange Tagesetappen, einen zu schweren Rucksack oder Fehler bei der Ernährung. Es erfordert ein Hineinhören in den eigenen Körper, um die zu ignorierenden von den ernsthaften Schmerzen unterscheiden zu können und die Entscheidung zu treffen, welche Therapie, vom Ruhetag bis zum Abbruch, man sich verordnen sollte.

Man muss auch Hunger und Durst aushalten können. Der Jakobsweg hat gegenüber anderen Weitwanderwegen zwar den großen Vorteil, dass nahezu alle Routen gut durchstrukturiert und organisiert sind. Man kann in den verschiedenen Führern nachlesen, wo es die nächste Gelegenheit zum Einkaufen, Essen oder Schlafen gibt. Aber das funktioniert nur in der Theorie immer. Geschäfte sperren zu, Wirtshäuser haben Ruhetag, Herbergen und Pensionen können schon voll sein. Dann heißt es improvisieren und sich mit dem begnügen, was einem zur Verfügung steht.

Es bleibt einem auch nichts anderes übrig, als von bisherigen Vorlieben in Bezug auf Hygiene, Qualität des Essens oder der Unterkunft Abschied zu nehmen. Einfach gesagt: Es ist notwendig, bescheiden zu werden und seine Ansprüche herunterzuschrauben. Ich hätte mir vorher nicht vorstellen können, dass ich einen wilden Meeresfrüchtesalat esse oder in einer Bettwäsche Ruhe finde, in der vor mir schon (wer weiß wie viele) andere Personen geschlafen haben. Sogar das Schnarchen der Zimmergenossen in den Herbergen ist irgendwann in der Nacht oder am Morgen plötzlich weg.

Unbestritten kann man mit einem Mehr an Geld viele dieser Entbehrungen und Misslichkeiten gering halten. Ganz entkommt man ihnen nicht. Im wirklichen Leben ist das nicht anders, nur auf einem anderen Niveau. Es tut gut, sich eine Zeit lang dem Level eines Pilgers ausgesetzt zu haben, das Leben danach wird einfacher und schöner. Vieles von dem, was einen früher gestört hätte, ist jetzt kein Thema mehr.

Freiheit

Der Pilger genießt eine Freiheit, die neben der Vielfalt an landschaftlichen und kulturellen Eindrücken zu den Hauptgründen gehören dürfte, weshalb Menschen geradezu süchtig nach dem Weitwandern oder Pilgern werden. Wie weit man heute geht, ob man auf einem schönen Stück Natur ein Nickerchen macht, ob man in einem Hotel oder einer Herberge übernachtet, einen Ruhetag einlegt oder etwas unternimmt, was immer einem beliebt, ist ganz der eigenen Entscheidung, zumindest wenn man allein unterwegs ist, überlassen. Wenn man zu zweit oder in einer Gruppe geht, muss man sich eben mit den anderen arrangieren. Man wandert den Tag dahin, keine Verpflichtungen warten. Stress wird ein Fremdwort, wenn man sich nicht selbst zu ehrgeizige Ziele setzt.
Wäre es nicht schön, wenn auch unser Alltagsleben ein solches Ausmaß an Freiheit mit sich brächte? In vielen Fällen trifft das sicher nicht zu. Es kann einem aber doch immer wieder in Erinnerung rufen, dass Vieles von dem, was einen im Alltag peinigt, selbst gewählt und damit disponibel ist.

Begegnungen

Ein Pilgerweg, auf dem man halb Europa durchschreitet, lässt einen nicht nur Landschaften und Gebäude, sondern auch Menschen vieler Nationalitäten und Völker kennenlernen. Es sind nicht nur die Völker auf dem Weg, sondern auch die Pilger, die aus ganz Europa, aber auch über das Meer gekommen sind, um diesen berühmten Weg zu gehen. Die Begegnungen tragen viel zur Attraktivität des Pilgerns bei. Eine positive, wohlwollende Grundstimmung ist nahezu durchgängig. Man begegnet sich mit Interesse, Sympathie und Hilfsbereitschaft. Die Erzählungen und Geschichten, die man austauscht, beleben den Tag und die Abende in den Quartieren. In Österreich und der Schweiz bin ich mit keinem einzigen Mitpilger in Kontakt gekommen, da die Jahreszeit wohl noch zu früh war. Trotz bezaubernder Landschaften und passablem Wetter ist mir dabei Wesentliches abgegangen. In Frankreich war ich sehr schnell unterwegs, weshalb ich die Bekanntschaften am nächsten oder spätestens übernächsten Tag wieder verloren habe. Es war daher auch kein Zufall, dass ich in der Mitte Frankreichs meine Tiefs zu durchtauchen hatte. Mein Problem war die Vereinsamung. Das Gegenteil konnte ich dann die letzten beiden Tage am Camino Francés vor Santiago feststellen. Dort sind so viele Pilger unterwegs, dass man auch keine neuen Kontakte mehr knüpft.

Die Menschen am Weg sind in allen Ländern den Jakobspilgern sehr freundlich gesinnt. Man ist hilfsbereit, gibt Rabatte bei den Preisen, beobachtet genau und weist den Pilger gleich darauf hin, wenn er einmal einen falschen Weg gewählt hat. Es ist für mich gar nicht vorstellbar gewesen, dass sich Kriminelle einen Jakobspilger aussuchen, um ihn um Hab und Gut zu erleichtern. Geschichten darüber machen unter den Pilgern aber sehr wohl die Runde. Ganz sicher sollte man sich nicht sein, denn die Ausnahmen bestätigen wie immer die Regel.

Unser Alltag kann solche Erfahrungen nur in eingeschränktem Ausmaß bestätigen. Allzu sehr bestimmen uns und andere Selbstsucht, Neid, Ehrgeiz, Eifersucht, Machtgier, Ablehnung des Fremden. Könnte doch unser Leben ein wenig mehr von der liebevollen Atmosphäre eines Pilgerweges haben!

Stärke

Die aber, die dem Herrn vertrauen, schöpfen neue Kraft,
sie bekommen Flügel wie Adler,
sie laufen und werden nicht müde,
sie gehen und werden nicht matt. (Jesaja 40,31)

Dieses Bibelzitat, das mir in Frankreich auf der Via Gebennensis untergekommen ist, trifft nach meiner Erfahrung ins Schwarze. Es ist kaum vorstellbar, welche Kräfte der Körper durch das regelmäßige Gehen über längere Zeit schöpft und einsetzt. Dabei gebe ich schon zu, dass Weitwandern und Pilgern hier gleichzusetzen ist. Das Gehen über längere Zeit ist Labsal für Geist und Körper. Angeblich verschwinden – befristet – die gesundheitlichen Probleme wie Bluthochdruck, zu hoher Cholesterinspiegel, Übergewicht, Depressionen und so weiter. Wie gesagt, dafür muss man sich aber nicht unbedingt auf einen Pilgerweg begeben. Meine Überzeugung, die ich allerdings nicht belegen kann, ist, dass das Vertrauen auf den Herrn noch zusätzliche Früchte trägt. Das Pilgern als Gehen in einem geistlichen Anliegen – idealerweise veredelt durch Gebet – kann Erfahrungen vermitteln, die wie nichts anderes beglücken.

Auf die Stärke und Gesundheit, die aus einer Weitwanderung oder einer längeren Pilgerschaft zu Fuß geschöpft werden können, wird man im Alltag verzichten müssen. Es wundert mich aber nicht, dass viele ihren Jahresurlaub dafür verwenden, sich ein Stück auf den Jakobsweg zu begeben.

Klein werden

Das Wandern oder Pilgern, besonders in einem Land mit anderer Sprache, lässt einen manchmal ganz schön dämlich dastehen, oder – vornehmer ausgedrückt – in der Demut wachsen. Ohne fundierte Planung, insbesondere der nächsten Tagesetappe, wird man auf dem Pilgerweg ganz schön ins Schleudern geraten. Aber auch die beste Planung wird manchmal durch die Realität über den Haufen geworfen. Ob man sich vergangen hat, der Weg durch eine Baustelle spurlos weggewischt wurde oder das einzige Geschäft zu ist – das hat man einfach hinzunehmen. Am schlimmsten ist, wenn man selbst seine Planung zunichtemacht. Der Ärger über sich selbst ist nachhaltiger als der über andere. Mit etwas Flexibilität und Kreativität lässt sich aber fast alles wieder ausbügeln und so bleibt nur der Dämpfer, der einen auf dem Pilgerweg des Lebens sicher besser voranbringt als eine durchgehende Reihe von Erfolgen.

Man darf sich auch nicht der Illusion hingeben, als Pilger immer Recht zu behalten. In vielen Situationen ist man dem Wohlwollen anderer ausgeliefert. Ist es nicht gegeben, kann man auch nichts machen. Man lernt auf dem Pilgerweg, eigene Fehler und die der anderen gelassen zu ertragen, aber auch für erwiesene Wohltaten dankbar zu sein, ohne mit einer Gegenleistung aufwarten zu können.

Wenn ihr nicht umkehrt und wie die Kinder werdet, könnt ihr nicht in das Himmelreich eingehen, sagt uns die Bibel (Mt 18,2-3). Perfektionismus, Misstrauen und Rechthaberei dürften in eine andere Richtung weisen. Auf dem Jakobsweg hat man Gelegenheit, wieder ein bisschen kleiner zu werden.

Ende oder Ziel

Ein großer Teil der Jakobspilger strebt beharrlich nach Santiago de Compostela. Auch wenn sie jedes Jahr nur ein Stück der Gesamtstrecke zurücklegen, das Ziel steht fest. Ein kleinerer Teil ist nur unterwegs und genießt den Weg. Nicht das Erreichen eines Ziels, sondern der Ablauf der zur Verfügung stehenden Zeit beendet die Pilgerschaft. Es gibt keinen Zweifel, dass auch die irdische Pilgerschaft unseres Lebens durch Zeit begrenzt ist. Aber ist dieses Ende für uns auch ein Ziel, dem wir zustreben? Ich habe zu meinem 60. Geburtstag von einem geschätzten Freund ein Morgen- und ein Abendgebet für meine Reise erhalten. Das Abendgebet lautet:

Herr, nun kehr ich heim zu Dir,
Herr, nun kehr ich heim zu mir.
Des Tages Stunden, des Tages Wunden,
all meine Weiten und Armseligkeiten
leg ich in Deine Hände hinein.
So, wie ich nun bin, bin ich Dein.
Und wenn Du mich fragst, was ich ward,
so muss ich sagen,
mein Herz ist noch hart, ist noch nicht geschmolzen
noch nicht geschmiedet, ist noch nicht gehämmert,
noch nicht genietet in Deinen Schöpfergedanken hinein.
Doch wie ich bin, bin ich Dein.
Herr, hilf mir weiter, die Zeit verrinnt,
lass mich werden ein Gnadenkind!
Herr, der Tag ist nun vorbei.
Gib, dass ich morgen besser sei!

Dieses Gebet geht davon aus, dass unser Leben ein Weg ist, auf dem wir uns einem Ziel nähern sollten. Jeder Pilgerweg ist auf das Ziel ausgerichtet und jeder Tag bringt uns ihm näher. Selbst wenn man einen Tag rastet, dient er letztlich dazu, besser und sicherer das Ziel zu erreichen. Hier schließt sich der Vergleich des Pilgerns mit unserem Leben. Das Pilgern ist nur in einigen Aspekten mit einem Lebensweg vergleichbar. Es lehrt einen vieles, was auf dem Lebensweg wichtig ist. Möge uns der Herr schenken, dass wir auf dem Pilgerweg unseres Lebens jeden Tag nicht nur näher an das Ende, sondern näher an das Ziel des himmlischen Jerusalem kommen!

Verwendete Jakobsweg-Führer:

Österreich:
Lindenthal, Peter: „Auf dem Jakobsweg durch Österreich“, Tyrolia Verlag 2006.

Schweiz:
Engel, Hartmut: Outdoor Handbuch – Jakobsweg vom Bodensee zum Genfer See, Conrad Stein Verlag 2008.

Frankreich:
Götzmann, Birgit: Outdoor Handbuch – Frankreich: Jakobsweg – Via Gebenennsis – Via Podiensis, Conrad Stein Verlag 2008.
Clouteau, Jaques & Lauriane: „Miam Miam Dodo“, Les Editions du Vieux Crayon 2010.

Spanien:
Joos, Raimund, Kasper, Michael, Moll, Michael: Outdoor Handbuch Nordspanien – Jakobsweg Küstenweg, Conrad Stein Verlag 2008.
Joos, Raimund, Kasper, Michael: Outdoor Handbuch – Nordspanien: Jakobsweg Camino Primitivo, Conrad Stein Verlag 2009.

Alfred Berghammer
Dr. iur., geboren 1949 in Salzburg, ist Jurist und war vor seiner Pensionierung in leitenden Funktionen der Salzburger Landesverwaltung tätig. Er hat sein Leben nach drei Schwerpunkten ausgerichtet: Familie, Glaube und Sport. Als Übergang zur Pension ist er den Jakobsweg gewandert und bezeichnet die dort gemachten Erfahrungen als einen Höhepunkt seines Lebens.

FIRMAS Y SELLOS

HOTEL
RESTAURANT
★★
FOULQUIER

Fecha:

Restaurant-Multiservices
« LA FORGE »
Chez Virginie et Patrick
46100-Faycelles
Tel : 05 65 34 65 09

Fecha:

CHAMBRES D'HOTES
Françoise et Jean-Pierre GAYEN
Tél. 05 65 24 37 32
Mob. 06 16 82 80 83
Bastide de

Fecha:

HÔTEL AQUITAINE
46230 CAHORS LALBENQUE
Tél. : 05 65 21 00 51

Fecha:

Ancien Presbytère
46800 Montcuq

Fecha: 24.04.09

ULTREIA moissac ULTREIA moissac

25-04-09

Fecha:

LE BONHEUR
05 62 28 69 10
32 - MIRADOUX

21/04/09
Karel
Wilma

Fecha:

Chambres d'Hô
A.M. Dahmen - LA ROM
Le plus grand voyageur est celui qui
faire une fois le tour de lui-même - Conf

Fecha: 27/04/09